大都會文化
METROPOLITAN CULTURE

大都會文化
METROPOLITAN CULTURE

智慧引領幸福

前言

亞里斯多德說：「幸福是人一切行為的終極目的，正是為了它，人們才做所有其他的事情。」這無非是說人人都想要幸福。然而，這個人人都想要的幸福，卻似乎是一個難以捉摸的東西，若問究竟什麼是幸福，不但人言人殊，而且很不容易說清楚。

幸福這個詞，一般是指一種令人非常滿意的生活。什麼樣的生活令人滿意，的確是因人而異的。有人因此說，幸福完全是一種主觀感受，自己覺得幸福就是幸福。當然，主觀滿意度是幸福的必要條件，自己覺得不幸福的人，你不能說他是幸福的。但是，這不是充分條件。我們應該問一個問題：什麼樣的生活令人滿意？人們的感受為什麼如此不同？很顯然，有一個東西在總體上支配著人們的主觀感受，那就是價值觀。價值觀不對頭的人，對幸福的感受必定是膚淺的，也無法持久。

為了使幸福的衡量有所依據，興起了幸福指數研究，試圖給幸福制定客觀標準。其方法大抵是列出若干因素，比如個人方面的收入、工作、家庭、健康、交往、休閒，社會方面的公平性、福利、文明、生態等等，給每一項規定一個分值，據此統計。作為嘗試，這並無不可。我自己對幸福能否數據化持懷疑態度，並且指出一點：對各個因素重要性的評價，所給的分數，歸根究柢也是取決於價值觀。

由此可見，撇開價值觀，幸福這個問題是說不清楚的。哲學正是立足於價值觀來探討幸福問題。在哲學史上，對幸福的理解大致分為兩派。快樂主義認為，幸福就是快樂，但強調生命本身自然性質的快樂和精神的快樂；完善主義認為，幸福就是精神上或道德上的完善，但承認完善亦伴隨著精神的快樂。兩派的共同點是重生命、輕功利，重精神、輕物質。

無論是哲學家們的賜教，還是我自己的體悟，都使我得出一個結論：人身上最寶貴的價值是生命和精神，倘若這二者的狀態是好的，即可稱幸福。怎樣才算好呢？我的看法是，生命若是單純，精神若是豐富，便是好。所以，幸福在於生命的單純和精神的豐富。現代人只從物質層面求幸福，卻輕忽了人身上最寶貴的兩種價值，結果並不幸福，問題就出在價值觀。

為了幸福，我們要保護好生命的單純。人應該享受生命，但真正的享受生命是滿足生命本身那些自然性質的需要，它們是單純的，而超出自然需要的物欲卻導致生活的複雜，是痛苦的根源。人是自然之子，與自然和諧相處是人類幸福的永恆前提。在當今這個崇尚財富的時代，財富是促進幸福，還是導致不幸，取決於有無正確的財富觀。

人是精神性的存在，精神需要的滿足是幸福的更重要源泉。在物質生活有保障之後，幸福主要取決於精神生活的品質。良好的智力品質表現在智力活動的興趣和習慣，在此基礎上，找到自己真正喜歡做的事，擁有屬於自己的事業，這個意義上的成功，才是會帶來有著巨大幸福感的真成功。良好的情感品質表現在自我的充實、內在生活的豐富、愛的體驗和能力，這是自己身上的快樂泉源。良好的靈魂品質表現在善良、高貴的品德，真誠的信仰，這是做人的最高幸福。

幸福是相對的，現實的人生必然包容痛苦和不幸。因此，承受苦難乃是尋求幸福之人必須具備的素質。也因此，在智慧的引領下，想明白人生的道理，與身外遭遇保持距離，與命運結伴而行，才能在尋求幸福之路上從容前行。

人人都在尋求幸福，通往幸福沒有現成的路可走，我們必須探路。以上是我探路的心得，按照這個線索，我對以前寫的文字做了選擇和整理，又補充了一些新的文字，編成這本書，供探路的大家參考。

前言

第一輯 幸福與價值觀

第二輯 享受生命

第三輯 親近自然

第四輯 財富與幸福

第五輯 成功與幸福

第六輯 做自己的朋友

第一輯　幸福與價值觀

價值觀的力量

價值觀的力量不可小看。說到底，人在世上活著就是一個價值觀。對於個人來說，價值觀決定了人生的境界。對於國家來說，價值觀決定了文明的程度。人與人之間，國與國之間，利益的衝突只導致暫時的爭鬥，價值觀的相悖才造成長久的鴻溝。

所以，在價值觀的問題上，一個人必須認真思考，自己做主。

真正令人吃驚的是，我們時代的價值觀竟然變得如此單一，大家所作所為都是一個字：錢！錢！錢！

哲學就是價值觀。柏拉圖哲學的核心範疇是「善（好）」，他筆下的蘇格拉底總是在討論一個問題：什麼是好的生活？

按照我的理解，「好」有兩個層次，一是快樂，即幸福，二是正當，即道德，二者構成了價值觀的兩大主題。在中國哲學中，道家側重討論前者，儒家側重討論後者。

我對價值觀思考的出發點是：生命和精神是人身上最寶貴的東西，幸福和道德都要據此衡量。我得出的結論是：幸福在於生命的單純和精神的豐富，道德在於生命的善良與精神的高貴。

一個人擁有自己明確、堅定的價值觀，這是一個基本要求。當然，這需要閱歷和思考，並且始終是一個動態的過程。然而，你終究會發現，價值觀完全不是抽象的東西，當你從自己所追求和珍惜的價值觀中獲得巨大幸福感之時，你就知道自己是對的，因而不會覺得堅持是件難事。

老天給了每個人一條命、一顆心，把命照看好，把心安頓好，人生即是圓滿。

把命照看好，就是要保護生命的單純，珍惜平凡生活；把心安頓好，就是要積累靈魂的財富，注重內在生活。

平凡生活體現了生命的自然品質，內在生活體現了生命的精神品質，把這兩種生活過好，生命的整體品質就是好的。

換句話說，人的使命就是盡好老天賦予的兩個主要職責，好好做自然之子，好好做萬物之靈。

我一向認為，人最寶貴的東西，一是生命，二是心靈，而若能享受本真的生命，擁有豐富的心靈，便是幸福。這當然必須免去物質之憂，但並非物質越多越好，相反的，毋寧說這二者的實現是以物質生活的簡單為條件。一個人把許多精力給了物質，就沒有餘力照看自己的生命與心靈。詩意的生活一定是物質上簡單的生活，這在古今中外所有偉大的詩人、哲人、聖人身上都可以得到印證。

人生有兩大快樂。一是生命的快樂，例如健康、親情、與自然的交融，這是生命本身的需要得到滿足的快樂。另一是精神的快樂，包括智性、情感和信仰的快樂，這是人的高級屬性得到滿足的快樂。

物欲是社會刺激出來的，不是生命本身帶來的，其滿足誠然也是一種快樂，但是，與生命的快樂相較，它太淺，與精神的快樂相比，它太低。

人生最值得追求的東西，一是優秀，二是幸福，而這二者都離不開智慧。所謂智慧，就是想明白人生的根本道理。只有這樣，才會懂得如何做人，從而成為人性意義上真正優秀的人。也唯有這樣，才能分辨人生中各種價值的主次，知道自己到底要什麼，從而真正獲得和感受到幸福。

人在世上生活能否有好的心態，極大程度上取決於價值觀。一個價值觀正確而且堅定的人，他知道人生中什麼是重要的，什麼是不重要的，對重要的看得準、抓得住，對不重要的看得開、放得下，既積極又超脫，心態自然就好。相反的，倘若價值觀錯誤或動搖，大小事都糾結，心態又怎麼可能會好。

價值觀決定你到底要什麼，而要什麼，一是取決於你看重什麼，二是取決於你擅長什麼。我與人打交道的能力比較弱，最害怕人際關係，怕去爭取。其實，我也不是那麼清高，名利也是一種價值，有當然比沒有好。關鍵是你更看重什麼，如果為了名利，讓我失去我更看重的東西，那我就不會選擇名利。一是我更看重自己喜歡的讀書寫作，二是我的社會活動能力比較弱，所以就只好忽視外在功利，更注重內心，結果發現這樣更好。

只有自己做了父母，體會到養育小生命的天倫之樂，你才會知道不做一回父母是多麼大的損失；只有你走進書籍的寶庫，品嘗到與書中優秀靈魂交談的快樂，你才會知道不讀好書是多麼大的損失。世上一切真正的好東西都是如此，你必須親自去品嘗，才會知道它們在人生中具有不可替代的價值。

看見那些永遠在名利場上勞心勞力的人，我常常心生憐憫，我對自己說：他們因為不知道世上還有好得多的東西，所以才會把金錢、權力、名聲這些次要的東西看得至高無上。

人的精力是有限的，有所為就必需有所不為，而人與人之間的巨大區別就在於所為所不為的不同取向。

愛情和事業是人生幸福的兩個關鍵。愛著，創造著，這就夠了。其餘一切只是有了更好、沒有亦可的副產品罷了。

我對幸福的看法日趨樸實。在我看來，一個人若能做自己喜歡做的事，並且靠這養活自己，又能和自己喜歡的人在一起，並且使他（她）們也感到快樂，即可稱為幸福。

幸福是靈魂的事

在世上一切東西中，好像只有幸福是人人都想要的東西。你去問人們，想不想結婚、生孩子，或者想不想上大學、經商、出國，肯定會得到不同的回答。可是，如果你問想不想幸福，大約沒有人會拒絕。而且，之所以有些人不想生孩子或經商等等，原因在於他們認為這些東西並不能使他們幸福，想要這些東西的人則認為它們能夠帶來幸福，或至少是獲得幸福的手段之一。也就是說，在相異的選擇背後似乎藏著相同的動機，都是為了幸福。而這同時也表明，人們對幸福的理解有多大的不同。

幸福的確是一個極為含糊的概念。人們往往把得到自己最想要的東西、實現自己最衷心的願望稱作幸福。然而，願望不僅是因人而異的，而且同一個人的願望也會發生變化。真的實現了願望，得到了想要的東西，是否幸福也還難說，這要看它們是否確實帶來了內心的滿足和愉悅。費盡力氣爭取某種東西，爭到手卻發現遠不如想像的好，乃是常事。幸福與主觀的願望和心情如此緊相糾纏，當然很難為它制定一個客觀的標準。

由此我們倒是可以確定一點：幸福不是一種純粹客觀的狀態。我們不能僅僅根據一個人的外在遭遇，來斷定他是否幸福。他有很多錢，有別墅、汽車和漂亮的妻子，也許令別人羨慕，可是，如果他自己沒有感到幸福，你就不能硬說他幸福。既然他沒有感到幸福，事實上他也就的確不幸福。外在的財富和遭遇僅是條件，如果不轉化為內在的體驗和心情，便不成其為幸福。

如此看來，幸福似乎主要是一種內心快樂的狀態。不過，它不是一般的快樂，而是非常強烈和深刻的快樂，以至於我們此時此刻會由衷地覺得活著是多麼有意思，人生是多麼美好。正是這樣，幸福的體驗直接地包含著我們對生命意義的肯定評價。感到幸福，也就是感到自己的生命意義得到了實現。不管擁有這種體驗的時間多麼短暫，卻總是指向整個一生的，所包含的是對生命意義的總體評價。當人感受到幸福時，心中彷彿迴盪著一個聲音：「為了此時此刻，我這一生值得了！」若沒有這種感覺，說「幸福」就是濫用了這個詞彙。人身上必有一種整體的東西，是它在尋求、面對、體悟、評價整體的生命意義，我們只能把這種東西叫做靈魂。所以，幸福不是零碎和表面的情緒，而是靈魂的愉悅。正因為此，人一旦有過這種時刻和體驗，便終身難忘了。

我們可以把人的生活分為三個部分：肉體生活，不外乎飲食男女；社會生活，包括在社會上做事以及與他人的交往；靈魂生活，即心靈對生命意義的沉思和體驗。必須說明，前兩個部分對於幸福也不是無關緊要的。如果不能維持正常的肉體生活，飢寒交迫，幸福不過是奢談。在社會生活的領域內，做事成功帶來的成就感，愛情與友誼的經歷，都能使人發覺人生的意義，從而轉化為幸福的體驗。不過，亞里斯多德認為，對於幸福來說，靈魂生活具有頭等的重要性，因為其餘的生活都要依賴外部條件，而它卻是自足的。同時，它又是人身上最接近神的部分，從沉思中獲得的快樂幾乎相當於神的快樂。這意見從一個哲學家口中說出，我們很可懷疑是否帶有職業偏見。但我們至少應該承認，既然一切美好的經歷必須轉化為內心的體驗才成其為幸福，那麼，內心體驗的敏感和豐富與否就的確是重要的，它決定了一個人感受幸福的能力。對於內心世界不同的人來說，相同的經歷具有完全不同的意義——因而事實上他們也就沒有擁有相同的經歷了。

另一方面，一個習於沉思的智者，由於他透澈地思考了人生的意義和限度，便與自己的身外遭遇保持了一個距離，他的心境也就比較不易受塵世禍福的擾亂。而他從沉思及智慧中獲得的快樂，也的確是任何外在變故皆不能將其剝奪。考慮到天有不測風雲，你不能說一種寬闊的哲人胸懷對於幸福是不重要的。

快感離幸福有多遠？

人有一個身體，這個身體有大自然所賦予的慾望。慾望未得到滿足，身體便會處於失調狀態，因欠缺而感到不適乃至於痛苦。慾望得到滿足，身體便重新進入協調狀態，會感到愜意且平靜。在二者之間，是慾望得到滿足的過程，身體在這個過程中所感到的就是快感。所謂快感，是針對身體而言。食色性也，為了個體的生存與物種的延續，大自然在人的身體中安置這兩種主要慾望，其中又以性慾的滿足帶來最強烈的快感。

除了慾望，我們的身體還有各種感覺器官，它們的享受也可以歸入快感之列。皮膚需要觸摸和擁抱，否則會感到飢渴。嬰兒貪戀母懷，不僅僅是為了吃奶和獲得安全感，必定也感覺到了肌膚相親的快感。年長之後，皮膚的飢渴就常常和性慾混合在一起。舌頭對於美味的快感，始終是與食慾有關。身處山野，我們感到身心愉快，其中包含著新鮮空氣給予嗅覺的快感。目之於美景和秀色，耳之於天籟和音樂，其快樂不是純粹肉體性質，但也可以算作感官的享受。此外，身體還有其他種類的快感，例如運動、舞蹈、搖滾時體能的釋放和對節奏的享受，疲勞後沐浴、休憩、睡眠所帶來的徹底放鬆等等。

總之，快感是多種多樣的，包括一切形式的身體享受。大自然為人類安排了一個愛享受的身體，我們沒有任何理由譴責這種天性。所以，和文藝復興時期的意大利人一樣，我不贊成禁慾主義。美國舞蹈家鄧肯有過許多浪漫的性愛經歷，招來了蜚短流長的議論，她為自己辯護道：「我覺得肉體的快樂既天真無邪，又令人歡暢。你有一個身體，它天生要受許多痛苦，既然如此，只要有機會，為什麼不可以從這個身體上汲取最大的快樂呢？」她說出的是身體的天經地義。事實上，為了從身體上汲取最大快樂，人類已經把快感變成了一門藝術，譬如說，世界各民族歷史上幾乎都產生了傳授性愛技巧的經典著作。何況快感雖然屬於身體，其意義卻不限於身體。一個人能否自然地享受身體的快樂，往往表明他是否擁有充沛的生命力，而這一點往往又隱祕地支配著他的世界觀，決定了他對世界的態度是積極還是消極。正是在這個意義上，主張積極世界觀的哲學家尼采一度把自己的哲學命名為「快樂的科學」。

然而，在對快感作了充分肯定後，還要指出它的限度。人畢竟不只有一個身體，更有一個靈魂。因此，人不但要追求肉體的快樂，更要追求精神的快樂。許多哲學家都談到，人的需要有層次之分，越是精神性的需要居於越高的層次。所謂高低不是從道德而言，我們不能以道德的名義否定肉體的快樂。但是，正如英國哲學家約翰．穆勒所說，凡是體驗過兩種快樂的人就會知道，精神的快樂更加強烈也更加豐富。所以，肉體的快樂只是起點，如果停留在這個起點上，沉湎於此，侷限於此，實際上是蒙受了自己所不知道的巨大損失，把自己的人生限制在一個可憐的範圍內。與快感相比，幸福是一個更高的概念，而要達到幸福的境界就必須有靈魂的參與。其實，即使就快感而言，純粹肉體性質的快感也是十分有限，也比較雷同，情感的投入才使得快感變得獨特而豐富。一個人味覺再發達也不一定能成為美食家，真正的美食家都是烹調藝術和飲食文化的鑑賞家，鑑賞的快樂大大強化了滿足口腹之慾時的快感。同樣，最難忘的性愛經驗一定是發生在兩人都充滿激情的場合。

在今天，快感已成為最熱門的消費品之一，以製造身體各個部位的快感為營業內容的各色服務行業欣欣向榮。我無意評判這一現象，只想提醒那些顧客問自己兩個問題。第一：如果你只能到市場上購買快感，沒有別的途徑，你身體的快感機制是否出了毛病？第二：單憑這些買來的快感，你真的覺得自己幸福嗎？

活出真性情

我的人生觀若要用一句話概括，就是真性情。我從來不把成功看作人生的主要目標，覺得只有活出真性情才沒有虛度人生。所謂真性情，一面是對個性和內在精神價值的看重，另一面是對外在功利的看輕。

一個人在衡量任何事物時，看重的是它們在自己生活中的意義，而不是它們能給自己帶來多少實際利益，這一種生活態度就是真性情。

人生中一切美好的事情，報酬都在眼前。愛情的報酬就是相愛時的陶醉和滿足，而不是有朝一日締結良緣；創作的報酬就是創作時的陶醉和滿足，而不是有朝一日名揚四海。如果事情本身不能給人陶醉與滿足，就不足以稱為美好。

為別人對你的好感、承認、報償所做的事，如果別人不承認，便等於零。為自己的良心、才能、生命做的事，即使沒有一個人承認，也絲毫無損。

我之所以寧願靠自己的本事吃飯，其一個原因是為了省心省力，不必去經營我所不擅長的人際關係。

當我做著自己真正想做的事情時，別人的褒貶並不重要。對於我來說，不存在正業副業之分，凡是出自內心需要而做的事情都是我的正業。

「定力」不是修煉出來的，它直接來自所做的事情對你的吸引力。我的確感到，讀書、寫作以及享受愛情、親情與友情是天底下最快樂的事情。人生有兩大幸運，一是做自己喜歡做的事，另一是和自己喜歡的人在一起。所以也可以說，我的「定力」來自我的幸運。

世上有味之事，包括詩、酒、哲學、愛情，往往無用。吟無用之詩，醉無用之酒，讀無用之書，鍾無用之情，終於成一無用之人，卻因此活得有滋味。

真實是最難的，為了它，一個人也許不得不捨棄許多好東西：名譽、地位、財產、家庭。但真實又是最容易的，在世界上，唯有它，一個人只要願意，總能得到和保持。

成熟卻不世故，依然保有一顆童心；成功卻不虛榮，依然一顆平常心。兼此二心者，我稱之為有真性情。

我不願用情人臉上的一個微笑，換取身後一個世代的名聲。

人生貴在行胸臆

讀袁中郎全集，感到清風徐徐撲面，精神陣陣爽快。

明末這位才子一度任職吳縣縣令，上任伊始，致書朋友們道：「吳中得若令也，五湖有長，洞庭有君，酒有主人，茶有知己，生公說法石有長老。」開卷讀到這等瀟灑不俗之言，我便捨不得放下，相信這個人必定還會說出許多妙語。

我的期望沒有落空。

請看這一段：「天下有大敗興事三，而破國亡家不與焉。山水朋友不相湊，一敗興也。朋友忙，相聚不久，二敗興也。游非及時，或花落山枯，三敗興也。」真是非常的飄逸。中郎一生最愛山水，最愛朋友，難怪他寫得最好的是遊記和書信。

不過，倘若你以為他只是個耽玩的倜儻書生，未免小看了他。《明史》記載，他在吳縣任上「聽斷敏決，公庭鮮事」，遂整日「與士大夫談說詩文，以風雅自命」。可見極其能幹，遊刃有餘。但他是真風雅，天性耐不得官場俗務，終於辭職。後來幾度獲朝廷重新任用，也都以謝病歸告終。

我們或許可以把袁中郎稱作享樂主義者，不過他所提倡的樂，乃是合乎生命之自然的樂趣，體現生命之質量和濃度的快樂。在他看來，為了這樣的享樂，付出什麼代價也是值得的，甚至這代價也成了一種快樂。

有兩段話，極能顯出他的個性的光彩。

在一處他說「世人所難得者唯趣」，尤其是得之自然的趣。他舉出童子的無往而非趣，山林之人的自在度日，愚不肖的率心而行，作為這種趣的例子。然後寫道：「自以為絕望於世，故舉世非笑之不顧也，此又一趣也。」憑真性情生活是趣，因此遭到全世界的反對又是趣，從這趣中更看見他的真性情！

另一處談到人生真樂有五，原文太精彩，不忍割愛，照抄如下：

「目極世間之色，耳極世間之聲，身極世間之鮮，口極世間之譚，一快活也。堂前列鼎，堂後度曲，賓客滿席，男女交舄，燭氣熏天，珠翠委地，金錢不足，繼以田土，二快活也。篋中藏萬卷書，書皆珍異。宅畔置一館，館中約真正同心友十餘人，人中立一識見極高，如司馬遷、羅貫中、關漢卿者為主，分曹部署，各成一書，遠文唐宋酸儒之陋，近完一代未竟之篇，三快活也。千金買一舟，舟中置鼓吹一部，妓妾數人，游閑數人，泛家浮宅，不知老之將至，四快活也。然人生受用至此，不及十年，家資田地蕩盡矣。然後一身狼狽，朝不謀夕，托缽歌妓之院，分餐孤老之盤，往來鄉親，恬不知恥，五快活也。」

前四種快活，氣象已屬不凡，誰知他筆鋒一轉，說享盡人生快樂以後，一敗塗地，淪為乞丐，又是一種快活！中郎文中多這類飛來之筆，出其不意，又順理成章。世人常把善終視作幸福的標誌，其實經不起推敲。若從人生終結看，善不善終都是死，都無幸福可言。若從人生過程看，一個人只要痛快淋漓地生活過，不管善不善終，都稱得上幸福了。對於一個生命熱情洋溢的人來說，幸福就在於最大限度窮盡人生的各種可能性，其中也包括困境和逆境。極而言之，樂極生悲不足悲，最可悲的是從來不曾樂過，一輩子穩穩當當，也平平淡淡，那才是白活一場。所以，與其貪圖活得長久，不如爭取活得痛快。中郎引惠開的話說：「人生不得行胸臆，縱年百歲猶為天。」就是這個意思。

中郎自己是個充滿生命熱情的人，他做什麼事都興致勃勃，好像不要命似的。愛山水，便說落雁峰「可值百死」。愛朋友，便嘆「以友為性命」。他知道「世上希有事，未有不以死得者」，值得要死要活一番。讀書讀到會心處，便「燈影下讀復叫，叫復讀，僮僕睡者皆驚起」，真是忘乎所以。他愛少女，坦承有「青娥之癖」。他甚至發起懶來也上癮，名之「懶癖」。

關於癖，他說過一句極中肯的話：「余觀世上語言無味面目可憎之人，皆無癖之人耳。若真有所癖，將沉湎酣溺，性命死生以之，何暇及錢奴宦賈之事。」有癖之人，哪怕有的是怪癖惡癖，終歸還保留著自己的真興趣真熱情，比起那班名利俗物而言更是一個活人。當然，所謂癖是真正著迷，全心全意，死活不顧。譬如巴爾扎克小說裡的於洛男爵，愛女色愛到財產、名譽、地位、性命都可以不要，到頭來窮困潦倒，卻依然心滿意足，這才配稱好色，那些只揩油不肯作半點犧牲的偷香竊玉之輩是不夠格的。

在義與利之外

「君子喻以義，小人喻以利。」中國人的人生哲學總是圍繞著「義、利」二字打轉。可是，假如我既不是君子，也不是小人呢？

曾經有過一個人皆君子、言必稱義的時代，當時或許有過大義滅利的真君子，但更常見的是假義之名逐利的偽君子和輕信義的迂君子。那個時代過去了。曾幾何時，世風劇變，義的信譽一落千丈，真君子銷聲匿跡，偽君子真相畢露，迂君子豁然開竅，都一窩蜂奔利而去。據說觀念更新，義利之辨有了新解，原來利並非小人的專利，倒是做人的天經地義。

「時間就是金錢！」這是當今的一句時髦口號。企業家以之鞭策生產，本無可非議。但世人把它奉為指導人生的座右銘，用商業精神取代人生智慧，結果自己的人生變成一種企業，使人際關係成了一個市場。

我曾經嘲笑廉價的人情味，如今，連人情味也變得昂貴而罕見了。試問，不花錢你可能買到一個微笑、一句問候、一丁點惻隱之心？

不過，無須懷舊。想靠形形色色的義的說教來匡正時弊、拯救世風人心，事實上無濟於事。在義利之外，還有別樣的人生態度。在君子小人之外，還有別樣的人格。套孔子的句式，不妨說：「至人喻以情。」

義和利，貌似相反，實則相通。「義」要求人獻身抽象的社會實體，「利」驅使人投身世俗的物質利益，兩者都無視人的心靈生活，遮蔽了人的真正的「自我」。「義」教人奉獻，「利」誘人占有，前者把人生變成一次義務的履行，後者把人生變成一場權利的爭奪，殊不知人生的真正價值超乎義務和權利之外。義和利都脫不開計較，所以，無論義師討伐叛臣，還是利慾支配眾生，人與人之間的關係總是緊張。

如果說「義」代表一種倫理的人生態度，「利」代表一種功利的人生態度，那麼，我所說的「情」便代表一種審美的人生態度。它主張率性而行，適情而止，每個人都保持自己的真性情。你不是你所信奉的教義，也不是你所占有的物品，你之為你僅在於你的真實「自我」。生命的意義不在奉獻或占有，而在創造，創造就是人的真性情的積極展開，是人在實現其本質力量時所獲得的情感上的滿足。創造不同於奉獻，奉獻只是完成外在的責任，創造卻是實現真實的「自我」。至於創造和占有，其差別更是一目瞭然，譬如寫作，占有注重的是作品所帶來的名利地位，創造注重的只是創作本身的快樂。有真性情的人，與人相處唯求情感的溝通，與物相觸獨鍾情趣的品味。更為可貴的是，在世人匆忙逐利又為利所逐的時代，他接人待物有一種閒適之情。這不是指中國士大夫式的閒情逸致，也不是指小農式的知足保守，而是指一種不為利驅、不為物役的淡泊生活情懷。仍以寫作為例，我想不通，一個人何必要著作等身呢？倘想流芳千古，一首不朽的小詩足矣。倘無此奢求，則只要活得自在即可，寫作也不過是這活得自在的一種方式罷了。

王爾德說：「人生只有兩種悲劇，一是沒有得到想要的東西，另一是得到了想要的東西。」我曾經深以為然，並且佩服他把人生的可悲境遇表述得如此輕鬆俏皮。但仔細玩味，發現這話的立足點仍是占有，所以才會有占有慾未得滿足的痛苦和已得滿足的無聊這種雙重悲劇。如果把立足點移到創造上，以審美的眼光看人生，我們豈不可以反其意而說：人生中有兩種快樂，一是沒有得到想要的東西，於是你可以去尋求和創造；另一是得到了想要的東西，於是你可以去品味和體驗？當然，人生總有其不可消除的痛苦，而重情輕利的人所體味到的辛酸悲哀，更為逐利之輩所夢想不到。但是，擺脫了占有慾，至少可以使人免除許多瑣碎的煩惱和渺小的痛苦，活得更有器度。我無意以審美之情為救世良策，而只是表達了一個信念：在義與利之外，還有一種更值得一過的人生。這個信念將支撐我度過未來吉凶難卜的歲月。

內在的從容

無論你多麼熱愛自己的事業，也無論你的事業是什麼，你都要為自己保留一個開闊的心靈空間，一種內在的從容和悠閒。唯有在這個心靈空間中，才能把你的事業作為自己的生命果實品嘗。如果沒有這個空間，你永遠忙碌，你的心靈永遠被與事業相關的各種事務所充塞，那麼，不管你在事業上取得了怎樣的外在成功，你都只是損耗了你的生命，而沒有品嘗到果實。

凡是心靈空間被占據的，往往是出於逼迫。如果說窮人和悲慘的人是受到貧窮和苦難的逼迫，那麼，忙人則是受到名利和責任的逼迫。名利也是一種貧窮，慾壑難填的痛苦同樣具有匱乏的特徵，而名利場上的角逐同樣充滿生存鬥爭式的焦慮。所以，一個忙人很可能是一個心靈上的窮人及悲慘的人。

光陰似箭，然而只有對於忙人而言才如此。日程表排得滿滿的，永遠有做不完的事，這時便會覺得時間以逼人之勢驅趕著自己，幾乎沒有喘息的工夫。

相反的，倘若並不覺得有非做不可的事情，心靜如止水，光陰也就停住了。永恆是一種從容的心境。

在現代社會裡生活，忙也許是常態。但是，常態之常，指的是經常，而非正常。倘若被常態禁錮，把經常誤認做正常，心就會在忙中沉淪和迷失。警覺到常態未必正常，在忙中保持心的從容，這是一種覺悟，也是一種幸福。

對於忙，我始終有一種警惕。我確立了兩個界限，第一要忙得愉快，只為自己真正喜歡的事忙，第二要忙得有分寸，做多麼喜歡的事也不讓自己忙昏了頭。其實，正是做自己喜歡的事，更應該從容，心靈是清明而活潑的，才會把事情做好，也才能享受做事的快樂。

從容中有一種神性。在從容的心境中，我們得以領悟上帝的作品，並以之為榜樣來創作人類的作品。沒有從容的心境，我們的一切忙碌就只是勞作，不復有創造；一切知識的追求就只是學術，不復有智慧；一切成績就只是功利，不復有心靈的滿足；甚至一切宗教活動也只成了世俗的事務，不具有真正的信仰。沒有從容的心境，無論建立起多麼輝煌的物質文明，我們過的仍是野蠻生活。

在現代商業社會中，人們活得越來越匆忙，哪裡有時間注意草木發芽、樹葉飄落這些小事，哪裡有閒心用眼睛看，用耳朵聽，用心靈感受。時間就是金錢，生活被簡化為盡快地賺錢和花錢。沉思未免奢侈，回味往事簡直是浪費。一個古怪的矛盾：生活節奏加快了，然而沒有了生活。天天爭分奪秒，歲歲年華虛度，到頭來發現一輩子真短。怎麼會不短呢？沒有值得回憶的往事，一眼就望到了頭。

有錢又有閒當然幸運，倘不能，退而求其次，我寧做有閒的窮人，不做有錢的忙人。我愛閒適勝於愛金錢。金錢終究是身外之物，閒適卻使我感到自己是生命的主人。

春華秋實，萬物都遵循自然的節奏，我們的祖先也是如此。但是，現代人卻相反，總是急急忙忙怕耽誤了什麼，總是遺憾有許多事情來不及做。

尤其你從事的是精神的創造，不妨悠然而行，讓精神的果實依照自然的節奏成熟。事實上，一切偉大作品的誕生，都一定有這樣一個孕育的過程。做一個心滿意足的孕婦，是精神創造者的最佳狀態。

分秒必爭，時間就是金錢；醉生夢死，今朝有酒今朝醉；糾纏於眼前的凡人瑣事，熱衷於網上的八卦星聞……這些似乎都是活在「當下」。然而，這個「當下」只是時間的碎片，活在這個「當下」的也只是「自我」的假象。

真正的活在「當下」，恰恰是要擺脫功利、慾望、紛爭、信息的干擾，回歸生命的單純，獲得內在的寧靜。這樣，每一個「當下」都是生命本真狀態的顯現，因而即是永恆，而「自我」也因為與存在的整體連通而有了實質。

天地悠悠，生命短促，一個人一生的確做不成多少事。明白了這一點，就可以善待自己，不必活得那麼緊張匆忙了。但是，也正因為明白了這一點，就可以不抱野心，只為自己高興而好好做成幾件事了。

世上所有的事大抵如此，永遠未完成，而在未完成中。所謂不了了之，不了就是了之，未完成是生活的常態。

生而為人，忙於人類的事務本無可非議，重要的是保持心的從容。

一天很短。早晨的計劃，晚上發現只完成很小一部分。一生也很短。年輕時的心願，年老時發現只實現很小一部分。

今天的計劃沒完成，還有明天。今生的心願沒實現，卻不再有來世了。所以，不妨搾取每一天，但不要苛求絕無增援力量的一生。要記住：人一生能做的事情不多，無論做成幾件，都值得滿意。

幸福是一種能力

幸福是靈魂的事，肉體只會有快感，不會有幸福感。靈魂是感受幸福的「器官」，任何外在的經歷，都必須有靈魂的參與才能成為幸福。

內心世界的豐富、敏感和活躍與否決定了一個人感受幸福的能力。在此意義上，幸福是一種能力。

在我看來，所謂成功是指把自己真正喜歡的事情做好，其前提是首先要有自己真正的愛好，即自己的真性情，除此之外便只是名利場上的生意經。而幸福則主要是一種內心體驗，是心靈對於生命意義的強烈感受，因而也是以心靈的感受力為前提。所以，比成功和幸福都更重要的是，一個人必須有一個真實的自我、一顆飽滿的靈魂，它決定了一個人爭取成功和體驗幸福的能力。

世界是大海，每個人是一隻容量基本確定的碗，他的幸福便是碗裡所盛的海水。我看見許多可憐的小碗在海裡拚命翻騰，為的是舀到更多的水，而那為數不多的大碗則很少動作，看去幾乎是靜止的。

人生意義取決於靈魂生活的狀況。其中，世俗意義——即幸福——取決於靈魂的豐富，神聖意義——即德性——取決於靈魂的高貴。

人生的價值，可用兩個詞來代表，一是幸福，二是優秀。優秀，就是人之所以為人的精神稟賦發育良好，成為人性意義上的真正的人；幸福，最重要的成分也是精神上的享受，因而是以優秀為前提。由此可見，二者皆取決於人性的健康生長和全面發展。

經歷過巨大苦難的人有權利證明，創造幸福和承受苦難屬於同一種能力。沒有被苦難壓倒，這不是恥辱，而是光榮。

有無愛的慾望，能否感受生的樂趣，歸根究柢是一個內在的生命力的問題。

幸福是一個心思詭譎的女神，但她的眼光並不勢利。權力能支配一切，卻支配不了命運。金錢能買到一切，卻買不到幸福。

人生最美好的享受都依賴於心靈能力，是錢所買不到的。錢能買名畫，買不到欣賞；能買色情服務，買不到愛情；能買豪華旅遊，買不到旅程中的精神收穫。金錢最多只是獲得幸福的條件之一，永遠不是充分條件，永遠不能直接成為幸福。

可持續的快樂

如果一個年輕女性問我，青春不能錯過什麼，要我舉出十件必須做的事，我大概會這樣列舉：

一、至少戀愛一次，最多兩次。一次也沒有，未免辜負了青春。但真戀愛不容易，超過兩次，就有贗品之嫌。

二、交若干好朋友，可以是閨中密友，也可以是異性知音。

三、學會烹調，能燒幾樣好菜。重要的不是手藝本身，而是從中體會日常生活的情趣。

四、每年小旅行一次，隔幾年大旅行一次，增長見識，拓寬胸懷。

五、鍛鍊身體，最好有一種自己喜歡、能夠持之以恆的體育項目。

六、爭取受良好的教育，精通一門專業知識或技能，掌握足以維持生存的看家本領。儘量按照自己的興趣選擇職業。如果做不到，就以敬業精神對待本職工作，同時在業餘發展自己的興趣。

七、養成高品位的讀書愛好，讀一批好書，找到屬於自己的書中知己。

八、至少喜歡一種藝術，音樂、舞蹈、繪畫等等，可以自己創作和參與，也可以只是欣賞。

九、養成寫日記的習慣。它可以幫助你學會享受孤獨，在孤獨中與自己談心。

十、經歷一次較大的挫折而不被打敗。只要不被打敗，你就會變得比過去強大許多。不經歷這麼一回，你不會知道自己其實多麼有力量。

開完這個單子，我再來說一說我的指導思想。我的指導思想很簡單，第一條是快樂。青春是人生中生命力最旺盛的時期，快樂是天經地義。我最討厭說教，什麼「少壯不努力，老大徒悲傷」，「吃得苦中苦，方為人上人」，彷彿青春的全部價值就在於為將來的成功而苦苦奮鬥。在所有的人生模式中，為了未來而犧牲現在是最壞的一種，把幸福永遠向後推延，實際上是抹去了幸福。人只有一個青春期，要享受青春，也只能是在青春期。有一些享受，過了青春期還是可以擁有，但滋味不同。譬如說，人到中老年仍然可以戀愛，但終歸減少了新鮮感和激情。同樣是旅行，以青春期的好奇、敏感和精力充沛，也能取得中老年不易有的收穫。依我看，「少壯不享樂，老大徒懊喪」至少也是成立的。倘若一個人在年輕時並非因為生活所迫而只知吃苦，拒絕享受，到年老力衰時即使成了人上人，卻喪失了享受的能力，那又有什麼意思呢！尤其是女性，我衷心希望她們有一個快樂的青春，否則這個世界也不會快樂。

但是，快樂不應該是單一、短暫的、完全依賴外部條件的，而應該是豐富的、持久的、能夠靠自己創造的，否則結果仍是不快樂。所以，我的第二條指導思想是可持續的快樂。這是套用可持續的發展一語，用在這裡正合適。青春終究會消逝，如果只是及時行樂，毫不為今後考慮，倒真會「老大徒悲傷」了。為今後考慮，一方面是實際的考慮，例如要有真本事，要有健康的身體，等等。另一方面，更重要的是，要使快樂本身不但是快樂，而且具有生長的能力，能夠生成新的更多的快樂。我所列舉的多數事情都屬於此類，它們實際上是一些精神性質的快樂。青春是心智最活潑的時期，也是心智趨於定型的時期。在這個時期，一個人倘若能夠通過讀書、思考、藝術、寫作等等充分領略心靈的快樂，形成一個豐富的內心世界，他在自己的身上就擁有了一個永不枯竭的快樂源泉。這個源泉將澤被整個人生，使他即使在艱難困苦之中仍擁有人類最高級的快樂。在我看來，這是一個人可能在青春期獲得的最重大成就。當然，女性同樣如此。如果我不這樣看，我就是歧視女性。如果哪個女性不這樣看，她就未免太自卑了。

第二輯　享受生命

珍愛生命

熱愛生命是幸福之本，同情生命是道德之本，敬畏生命是信仰之本。

人生的意義，在世俗層次上即幸福，在社會層次上即道德，在超越層次上即信仰，皆取決於對生命的態度。

生命是宇宙間的奇蹟，它的來源神祕莫測。是進化的產物，還是上帝的創造？這並不重要。重要的是用你的心去感受這奇蹟。於是，你便會懂得欣賞大自然中的生命現象，用它們的千姿百態豐富你的心胸。於是，你便會善待一切生命，從一個素不相識的人，到一頭羚羊、一隻昆蟲、一棵樹，從心底裡產生萬物同源的親近感。於是，你便能懷有一種敬畏之心，敬畏生命，也敬畏創造生命的造物主，不管人們把它稱作神還是大自然。

生命是最基本的價值。一個簡單的事實是，每個人只有一條命，在無限的時空中，再也不會有同樣的機會，所有因素都恰好組合在一起，產生出這一個特定的個體。同時，生命又是人生其他一切價值的前提，沒有了生命，其他一切都無從談起。

由此所得出的一個結論是，對於每一個人來說，生命是最珍貴的。因此，對於自己的生命，我們當知珍惜，對於他人的生命，我們當知關愛。

這個道理似乎不言而喻。可是仔細想一想，有多少人一輩子只把自己當作了賺錢的機器，何嘗把自己真正當作生命來珍惜；又有多少人只用利害關係的眼光估量他人的價值，何嘗把他人真正當作生命去關愛。

「生命」是一個美麗的詞，但它的美被瑣碎的日常生活掩蓋住了。我們活著，可是我們並不是時時對生命有所體驗的。相反，這樣的時候很少。大多數時候，我們倒是像無生命的機械一樣活著。

人們追求幸福，其實，還有什麼時刻比那些對生命的體驗最強烈最鮮明的時刻更幸福呢？當我感覺到自己身體與血管裡布滿新鮮、活躍的生命之時，我的確認為，此時此刻我是世上最幸福的人。

生命平靜地流逝，沒有聲響，沒有浪花，甚至連波紋也看不見，無聲無息。我多麼厭惡這平坦的河床，它吸收了所有感覺。突然，遇到了阻礙，礁岩崛起，狂風大作，拋起萬丈浪。我活著嗎？是的，這時候我才覺得我活著。

生命害怕單調甚於死亡，僅此就足以保證它不可戰勝了。它為了逃避，單調必須豐富自己，不在乎結局是否徒勞。

生命是我們最珍愛的東西，它是我們擁有一切的前提，失去了它，我們就失去了一切。生命又是我們最忽略的東西，我們對於擁有它實在太習以為常了，而一切習慣了的東西都容易被我們忘記。因此，人們在道理上都知道生命的寶貴，實際上卻時常做一些損害生命的事情，抽菸、酗酒、縱慾、不衛生、超負荷工作等等。因此，人們為虛名浮利而忙碌，卻捨不得花時間來讓生命本身感到愉快，來做一些實現生命本身價值的事情。往往是當我們的生命真正受到威脅的時候，我們才幡然醒悟，生命不可替代的價值才突然顯現在我們眼前。但是，有時候醒悟已為時太晚，損失已經不可挽回。

生命不同季節的體驗都是值得珍惜的，它們是完整的人生體驗的組成部分。一個人在任何年齡段都可以有人生的收穫，歲月的流逝誠然令人悲傷，但更可悲的是自欺式的年齡錯位。

生命原是人的最珍貴的價值。可是，在當今的時代，其他種種次要的價值取代生命成了人生的主要目標乃至唯一目標，人們耗盡畢生精力追逐金錢、權力、名聲、地位等等，從來不問一下這些東西是否使生命獲得真正滿足。

生命原是一個內容豐富的組合體，包含著多種多樣的需要、能力、衝動，其中每一種都有獨立的存在和價值，都應該得到實現和滿足。可是，現實的情形是，太多的人內在潛能沒有得到開發，他們的生命早早地就納入了一條狹窄而固定的軌道，並且以同樣的方式把自己的子女也培養成片面的人。

事實上，絕大多數人的潛能有太多未被發現和運用。由於環境的逼迫、利益的驅使或自身的懶惰，人們往往太早被定型，把偶然形成的一條窄縫，當成自己的生命之路，只讓潛能中極小的一部分從那裡釋放，絕大部分遭到了棄置。人們是怎樣輕慢地虧待自己只有一次的生命啊！

不論電腦怎樣升級，我只是用它來寫作，它的許多功能均未被開發。我們的生命何嘗不是如此？

在市聲塵囂之中，生命的聲音已經久被遮蔽，無人理會。

讓我們都安靜下來，每個人都向自己身體和心靈的內部傾聽，聽一聽自己的生命在說什麼，想一想自己的生命究竟需要什麼。

讓生命回歸單純

人來到世上，首先是一個生命。生命，原本是單純的。可是，人卻活得越來越複雜。許多時候，我們不是作為生命在活，而是作為慾望、野心、身份、稱謂在活，不是為了生命在活，而是為了財富、權力、地位、名聲在活。這些社會堆積物遮蔽了生命，我們把它們看得比生命更重要，為之耗費一生的精力，不去聽也聽不見生命本身的聲音。

人是自然之子，生命遵循自然之道。人類必須在自然的懷抱中生息，無論時代怎樣變遷，春華秋實、生兒育女永遠是生命的基本核心。你從喧鬧的職場裡出來，走在街上，看天際的雲和樹，回到家裡，坐下來和妻子兒女一起吃晚飯，這時候你重新成為一個生命。

在今天的時代，讓生命回歸單純，這不但是一種生活藝術，而且是一種精神修煉。耶穌說：「除非你們改變，像小孩一樣，你們絕不能成為天國的子民。」那些在名利場上折騰的人，他們既然聽不見自己生命的聲音，就更聽不見靈魂的聲音了。

人不只有一個肉身生命，更有一個超越於肉身的內在生命，它被恰當地稱作靈魂。外在生命來自於自然，內在生命應該有更高的來源，不妨稱之為神。二者的辯證關係是，只有外在生命狀態單純之時，內在生命才會向你開啟，你活得越簡單，就離神就越近。在一定意義上，人生覺悟就在於透過社會堆積物去發現你的自然的生命，又透過肉身生命去發現你的內在的生命，靈魂一旦敞亮，你的人生就有了明燈與方向。

保持生命的本色

動物服從於自然，它對物質條件的需求，它與別的生命的競爭，都在自然需要的限度之內。人卻不同，只有在人類之中，才有超出自然需要的貪婪和殘酷。

如果說這是因為上天給了人超出動物的特殊能力，這個特殊能力豈不用錯了地方？上天把人造就為萬物之靈，反而成了對人的懲罰？

事情當然不應該是如此。由此可以得出一個結論：人應該把自己的特殊能力多用在精神領域，無愧於萬物之靈的身份，而在物質領域則應該向動物學習，滿足於自然需要，保持自然之子的本色。倘若這樣，人世間不知會減去多少罪惡和紛爭。

貶低人的動物性也許是文化的偏見，動物狀態也許是人所能達到的最單純的狀態。

在事物上有太多理性的堆積物：語詞、概念、意見、評價等等。在生命上也有太多社會的堆積物：財富、權力、地位、名聲等等。天長日久，堆積物取代本體，組成了一個牢不可破的虛假的世界。

從生命的觀點看，現代人的生活有兩個弊病。一方面，文明為我們創造了越來越優裕的物質條件，遠超出維持生命之所需，那超出的部分固然提供了享受，但同時也使我們的生活方式變得複雜，離生命在自然界的本來狀態越來越遠。另一方面，優渥的物質條件也使我們容易沉湎於安逸，喪失面對巨大危險的勇氣和堅強，在精神上變得平庸。我們的生命遠離兩個方向上的極限狀態，向下沒有承受匱乏的忍耐力，向上沒有挑戰危險的爆發力，躲在舒適安全的中間地帶，其感覺日趨麻木。

在中國傳統哲學中，最重視生命價值的學派是道家。《淮南王書》把這方面的思想概括為「全性保真，不以物累形」，莊子也一再強調要「不失其性命之情」、「任其性命之情」，相反的情形則是「喪己於物，失性於俗者，謂之倒置之民」。在莊子看來，物欲與生命相互敵對，被物欲控制的人是與生命的本性背道而馳，因此是顛倒的人。

你說，得活出個樣子。我說，得活出個味道。名聲地位是衣裳，不妨弄件穿穿。可是，對人對己都不要衣帽取人。衣裳換來換去，我還是我。脫盡衣裳，男人和女人更顯本色。

凡是出於自然需要而形成的人際關係，本來都應該單純，之所以變得複雜，往往是權力、金錢等因素摻入其中，甚至起了支配作用的結果。比如愛情，即使是其最複雜的情形，諸如婚外情、三角戀之類，只要當事人的感情是真實的，的確立足於感情並處理互相的關係，本質上仍是單純。可是，現在官場上大量包養情婦、權色交易的現象，娛樂圈乃至大學裡，普遍存在的性索賄的「潛規則」，當然一點也不單純。自然情感的領域遭到了如此嚴重的汙染，這是今天最觸目驚心的事實，更可悲的是，人們對此彷彿已經習以為常、視為合理。

如果人人——或者多數人——都能保持生命的單純，彼此也以單純的生命相待，這會是一個多麼美好的社會。

生命本來沒有名字

這是一封讀者來信，從一家雜誌社轉來的。每個作家都有自己的讀者，都會收到讀者的來信，這很平常。我不經意地拆開信封。可是讀了信，我的心在溫暖的感動中顫慄了。

請允許我把這封不長的信抄錄在這裡——

「不知道該怎樣稱呼您，每一種嘗試都令自己沮喪，所以就冒昧地開口了，實在是一份由衷的生命對生命的親切溫暖的敬意。

「記住你的名字大約是在七年前，那一年翻看一本《父母必讀》，上面有一篇寫孩子的或者是寫給孩子的文章，是印刷體卻另有一種纖柔之感，覺得您這個男人的面孔很特別。

「後來漸漸長大，便讀多了您的文章，常常推薦給周圍的人去讀，從不多聒噪什麼，總是覺得您的文章和人似乎是很需要我們安靜的，因為什麼，就不深究下去了。

「這回讀您的《時光村落裡的往事》，恍若穿行鄉村，沐浴到了最乾淨最暖和的陽光。我是一個卑微的生命，但我相信您一定願意靜靜地聽這個生命說：『我願意靜靜地聽您說話……』我從不願把您想像成一個思想家或散文家，您不會為此生氣吧？

「也許再過好多年之後，我已經老了，那時候，我相信為了年輕時讀過的您的那些話語，我要用心說一聲：謝謝您！」

信尾沒有落款，只有這一行字：「生命本來沒有名字吧？我是，你是。」我這才想到查看信封，發現那上面也沒有寄信人的地址，作為替代的是「時光村落」四個字。我注意了郵戳，寄自河北懷來。

從信的口氣看，我相信寫信人是一個很年輕、剛剛長大的女孩，一個生活在窮城僻鎮的女孩。我不曾給《父母必讀》寄過稿子，那篇使她和我初次相遇的文章，也許是這個雜誌轉載的，也許是她記錯了刊載的地方，不過這都無關緊要。令我感動的是她對我的文章的讀法，不是從中尋找思想，也不是作為散文欣賞，而是一個生命靜靜地傾聽另一個生命。所以我所獲得的，不是一個作家的虛榮心滿足，而是一個生命被另一個生命領悟的溫暖，一種暖入人性根底的深深感動。

「生命本來沒有名字」——這話說得多麼好！我們降生到世上，有誰是帶著名字來的？又有誰是帶著頭銜、職位、身份、財產等等來的？可是，隨著我們長大，越來越深地沉溺於俗務瑣事，已經很少有人能記起這個最單純的事實。我們彼此以名字相見，名字又與頭銜、身份、財產之類相聯，結果，在這些寄生物的纏繞之下，生命本身隱匿了，甚至萎縮。無論對己對人，生命的感覺都日趨麻痺。多數時候，我們只是作為一個稱謂活在世上。即使是朝夕相處的伴侶，也難得以生命的本然狀態相待，更多的是一種倫常和習慣。浩瀚宇宙間，也許只有我們的星球開出了生命的花朵，可是，在這個幸運的星球上，比比皆是利益的交換、身份的較量、財產的爭奪，最罕見的偏偏是生命與生命的相遇。仔細想想，我們是怎樣地本末倒置，因小失大，辜負了造化的寵愛。

是的——我是，你是，每一個人都是一個多麼普通又多麼獨特的生命，原本無名無姓，卻到底可歌可泣。我、你、每一個生命都是那麼偶然地來到這個世界上，完全有可能不降生，卻仍是降生了，然後又將必然地離去。想一想世界在時間和空間上的無限，每一個生命的誕生的偶然，怎能不感到一個生命與另一個生命的相遇是一種奇蹟呢？有時我甚至覺得，兩個生命在世上同時存在過，哪怕永不相遇，其中也仍然有一種令人感動的因緣。我相信，對於生命的這種珍惜和體悟，乃是一切人間之愛的至深源泉。你說你愛你的妻子，可是，如果你不是把她當作一個獨一無二的生命來愛，那麼你的愛還是有限。你愛她的美麗、溫柔、賢惠、聰明，這些當然都對，但這些品質在別的女人身上也能找到。唯獨她的生命，作為一個生命體的她，卻是在普天下的女人身上也無法重組或再生，一旦失去，便是不可挽回地失去了。世上什麼都能重複，戀愛可以再談，配偶可以另擇，身份可以炮製，錢財可以重掙，甚至歷史也可以重演，唯獨生命不能。越是精微的事物越不可重複，所以，與每一個既普通又獨特的生命相比，包括名聲、地位、財產在內的種種外在遭遇實在粗淺得很。

既然如此，當另一個生命，一個陌生得連名字也不知道的生命，遠遠地卻又那麼親近地發現了你的生命，透過世俗功利和文化的外觀，向你的生命發出了不求回報的呼應，這豈非人生中令人感動的幸遇？

所以，我要感謝這個不知名的女孩，感謝她用她的安靜的傾聽和領悟點撥了我的生命的性靈。她使我更加堅信，此生此世，當不當思想家或散文家，寫不寫

我思考價值的出發點是，
生命和精神是人身上最寶貴的東西，
幸福和道德都要據此衡量。

所以我得出的結論是，
幸福在於生命的單純和精神的豐富，
道德在於生命的善良和精神的高貴。

得出漂亮文章，真是不重要。我唯願保持住一份生命的本色，一份能夠安靜聆聽別的生命也使別的生命願意安靜聆聽的純真，此中的快樂遠非浮華功名可比。

很想讓她知道我的感謝，但願她讀到這篇文章。

生命本身的享受

人生有許多出於自然的享受，例如愛情、友誼、欣賞大自然、藝術創造等等，其快樂遠非虛名浮利可比，而享受它們也並不需要太多的物質條件。我把這類享受稱作對生命本身的享受。

生命所需要的，無非空氣、陽光、健康、營養、繁衍，千古如斯，古老而平凡。但是，驕傲的人，拋開你的虛榮心和野心吧！你就會知道，這些最簡單的享受才是最醇美的。

越是自然的東西，就越是屬於我的生命的本質，越能牽動我的至深的情感。例如女人和孩子。

現代人享受的花樣越來越多。但是，我深信人世間最甜美的享受始終是那些最古老的享受。

每一個人對於自己的生命，第一有愛護它的責任，第二有享受它的權利，而這兩方面是統一的。世上有兩種人對自己的生命不知愛護也不善享受，其一是工作狂，其二是縱慾者，他們其實是在以不同的方式透支和搾取生命。

自然賦予人的一切生命慾望皆無罪，禁慾主義毫無道理。我們既然擁有了生命，當然有權享受它。但是，生命享受和物欲是兩回事。一方面，生命本身對於物質資料的需要是有限的，物欲決非生命本身所帶來，而是社會刺激起來。另一方面，生命享受的疆域無比寬廣，相比之下，物欲的滿足就太狹窄了。那些只把生命用來追求物質的人，實際上既怠慢了自己生命的真正需要，也剝奪了自己生命享受的廣闊疆域。

只有一次的生命是人生最寶貴的財富，但許多人寧願用它來換取那些次寶貴或不甚寶貴的財富，把全部生命耗費在學問、名聲、權力或金錢的積聚上。他們臨終時當如此悔嘆：「我只是使用了生命，而不曾享受生命！」

最自然的事情是最神祕的，例如做愛和孕育。各民族的神話豈非都可以追溯到這個源頭？

情慾是走向空靈的必由之路。本無情慾，只能空而不靈。

健康是為了活得愉快，而不是為了活得長久。活得愉快在己，活得長久在天。而且，活得長久本身未必是愉快。

生命是否健康，要看整體的狀態。一個盲人，他雖然看不見繽紛的色彩，但能用其餘更敏銳的感官欣賞鳥的啁啾、花的芳香、微風的吹拂，他有和睦的家庭、踏實的工作、寧靜的心境，他的生命在整體上就是健康的。相反的，一個感官健全的人，倘若他總是在名利場折騰，在娛樂場鬼混，不再有時間和心情享受自然賜予的快樂，他的生命在整體上就是病態的。

金錢能帶來物質享受，但算不上最高的物質幸福。最高的物質幸福是什麼？我贊成托爾斯泰的見解：對人類社會來說，是和平；對個人來說，是健康。在一個時刻遭受戰爭和恐怖主義的威脅的世界上，經濟再發達又有什麼用？如果一個人的生命機能被澈底毀壞了，錢再多又有什麼用？所以，我在物質上的最高奢望，就是在一個和平的世界上，有一個健康的身體，過一種小康的日子。在我看來，如果天下大多數人都能過上這種日子，那就是一個非常美好的世界。

夜裡睡了一個好覺，早晨起來又遇到一個晴朗的日子，便會有一種格外輕鬆愉快的心情，好像自己變年輕了，而且會永遠年輕下去。

戲說慾望——在巴黎之花晚宴上的講話

今天的晚宴設計了六個話題，分別請六個人演講，剛才五位朋友講了前五個話題，按照主辦方的安排，現在我來講最後一個。據我所知，原先擬定的題目裡有「婚姻」，可是，婚姻好像是一個尷尬的話題，沒人肯認領。這也難怪，因為，如果你讚美婚姻，等於是你在證明自己的平庸，如果你抨擊婚姻，又等於是你在控訴自己的配偶，反正怎麼說都不對。結果，「婚姻」被「回憶」取代。

這頗具諷刺意味。在現實生活中，回憶正是婚姻的避難所：當我們對婚姻產生動搖時，就回憶曾有的愛情，堅定自己的信心；當我們對婚姻感到絕望時，我們就回憶從前的情人，安慰——確切地說是加深——自己的痛苦。

但是，這恰恰證明，在人生舞台上，婚姻是一個多麼重要的角色，給了我們多麼複雜的感受，不該缺席。所以，在向大家介紹一個新角色之前，我首先要恢復它的位置，而讓「回憶」靠邊站。

那麼，人生舞台上的角色有這麼五位：愛情，婚姻，幸福，浪漫，生活。現在我想告訴大家的是，我發現，這五位角色其實都是一位真正的主角的面具，是這位真正的主角在借殼表演，它的名字就叫——「慾望」。

什麼是愛情？愛情就是慾望罩上了一層溫情脈脈的面紗。

什麼是婚姻？婚姻就是慾望戴上了一副名叫忠誠的鐐銬，立起了一座名叫貞潔的牌坊。

什麼是幸福？幸福是慾望在變魔術，為你變出海市蜃樓，讓你無比嚮往，走到跟前一看，什麼也沒有。

所謂浪漫，不過是慾望在玩情調罷了。

玩情調玩膩了，慾望說：讓我們好好過日子吧！這就叫「生活」。

慾望在人生中具有這麼重大的作用，它是好還是壞呢？

許多哲學家認為慾望是一個壞東西，理由有二。一是說它虛幻。例如叔本華說：「慾望不滿足就痛苦，滿足就無聊，人生如同鐘擺在痛苦和無聊之間擺動。」

薩特說：「人是一堆無用的慾望。」二是說它惡，是人間一切壞事的根源，導致犯罪和戰爭。

可是，生命無非就是慾望，否定了慾望，也就否定了生命。

怎麼辦？這裡我們要請出人生中另外兩位重要角色，一位叫靈魂，另一位叫理性。靈魂是慾望的導師，它引導慾望昇華，於是人類有了藝術、道德、宗教。理性是慾望的管家，它對慾望加以管理，於是人類有了法律、經濟、政治。

你們看，人類的一切玩意，或者是慾望本身創造的，或者是為了對付慾望而創造的。說到底，慾望仍然是人生舞台上的主角。

慾望是一個愛惹事的傢伙，可是，如果沒有慾望惹事，人生就未免太寂寞了。

所以，最後我要說一句：謝謝「慾望」！

平凡生活的價值

生命是人存在的基礎和核心。個人建功創業，致富獵名，倘若結果不能讓自己安身立命，究竟有何價值？人類齊家治國，爭霸稱雄，倘若結果不能讓百姓安居樂業，究竟有何價值？

世代交替，生命繁衍，人類生活的基本核心原本就是平凡的。戰爭、政治、文化、財富、歷險、浪漫……，一切的不平凡，最後都要回歸平凡，都要按照對人類平凡生活的功過確定其價值。即使在偉人的生平中，最能打動我們的也不是豐功偉績，而是那些在平凡生活中顯露了真實人性的時刻，這樣的時刻恰恰是人人都擁有的。遺憾的是，在今天的世界上，人們惶惶然追求貌似不平凡的東西，懂得珍惜和品味平凡生活的人何其少。

人世間的一切不平凡，最後都要回歸平凡，都要用平凡生活來衡量其價值。偉大、精彩、成功都不算什麼，只有把平凡生活真正過好，人生才是圓滿。

人世間真實的幸福原是極簡單的。人們輕慢和拒絕神的禮物，偏要到別處去尋找幸福，結果生活越來越複雜，也越來越不幸。

人在世上不妨去追求種種幸福，但不要忘了最重要的幸福就在你自己身邊，那就是平凡的親情。人在遭遇苦難時誠然可以去尋求別人的幫助和安慰，但不要忘了唯有一樣東西能夠使你真正承受苦難，那就是你自己的堅忍。在我看來，一個人懂得珍惜屬於自己的那一份親情，又勇於承擔屬於自己的那一份苦難，乃是人生的兩項偉大成就。

活在世上，沒有一個人願意完全孤獨。天才的孤獨是指他的思想不被人理解，在實際生活中，他卻也是願意有個好伴侶，如果沒有，那是運氣不好，並非他的主動選擇。人不論偉大還是平凡，真實的幸福都是很平凡很實在的。才賦和事業只能決定一個人是否優秀，不能決定他是否幸福。我們說貝多芬是一個不幸的天才，泰戈爾是一個幸福的天才，其根據就是在世俗領域的不同遭遇。

品味平凡生活——關鍵《隱居法國》序

關鍵的經歷頗為特別。從北京大學畢業後，她到巴黎闖蕩。一個中國姑娘，置身於世界藝術之都的浪漫，心情當然很興奮。那些年裡，我兩次去巴黎，看見她忙於找房子，開畫廊，一付紮根巴黎開創事業的熱情。何嘗想到，若干年後，她一頭鑽進法國南部阿爾卑斯山麓，在一個不知名的小村鎮定居。按照常理，一個中國人到法國，就好像從鄉村來到都市，圖的就是都市的繁華，關鍵一開始想必也是如此。可是，結果卻在法國的偏遠鄉村找到自己的歸宿，日子比在中國還冷清，並且義無反顧，心滿意足。這不是很特別嗎？

不過，對於關鍵自己來說，這又是自然而然的。在巴黎的十年裡，她總聽見一個聲音在呼喚她，越來越清晰，告訴她都市不是她的家，叮囑她去尋找真正的家。希臘哲人說：一個人的性格就是他的命運。這句話也可理解為：一個人最好的生活，就是最適合於他的天性的生活。如果不適合，不管這種生活在旁人眼裡多麼值得羨慕，都不算好。因此，那個呼喚她的聲音其實是她自己的天性在呼喊，而她也就聽從了它的指引。

讀了關鍵在鄉居中寫的這些文字，我相信，她不但回到了自己真正的家，而且回歸了生活的本質。當然，生活的形相是千姿百態的，混跡都市、追逐功名、叱咤風雲也都是生活，不一定要隱居山林。但是，太熱鬧的生活始終有一個危險，就是被熱鬧所占有，漸漸誤以為熱鬧就是生活，熱鬧之外別無生活，最後真的只剩下了熱鬧，沒有了生活。在人的生活中，有一些東西是可有可無的，有了也許增色，沒有也無損本質，有一些東西則是不可缺的，缺了就不復是生活。什麼東西不可缺，誰說都不算數，生養人類的大自然是唯一的權威。自然規定了生命離不開陽光和土地，規定了人類必須耕耘和繁衍。最基本的生活內容原是最平凡的，但正是它們構成人類生活的永恆核心。鄉村生活的優點在於，這個真理是直接呈現，是一個每天都能感知到的事實。一個人長久受這個真理浸染，化做了自己的血肉，世間任何浮華都不能再誘惑他了。

不過，地方畢竟不是決定性的。無論身在城市還是身在鄉村，一個人都可能領悟生活的真諦，也都可能毫無感受，就看你的心靜不靜。我們捧著一本書，如果心不靜，再好的書也讀不進去，更不用說領會其中的妙處。讀生活這本書也是如此。其實，只有安靜下來，人的心靈和感官才是真正開放的，從而變得敏銳，與對象處在一種最佳關係之中。但是，心靜是強求不來的，它是一種境界，是世界觀導致的結果。一個不知道自己到底要什麼的人，必定總是處在心猿意馬的狀態。關鍵一定知道她到底要什麼，所以她的心很靜。多年來，她安心地在歐洲山村裡做一個普通人，細心地品嘗每一個平凡日子的滋味，品出了許多美味。在法國南方的鄉村，許多農家自釀葡萄酒，其味醇和而耐久，主人端出來款待過往客人，大商店裡是買不到的。關鍵端給我們的正是她自釀的紅酒。

近些年來，圖書市場時常推出中國人寫自己在國外經歷的書，內容多為如何奮鬥、如何驚險、如何成功、如何風光，彷彿國外是冒險家的樂園一般。這本書提供了一個不同的版本，它告訴我們，不論在中國還是在外國，真實的生活都是平凡的，而平凡自有其動人之處。哪一種版本更符合真相，對國外有所瞭解的人心裡有數，不瞭解國外但懂得生活的人也是心中有數。

生命中不能錯過什麼——《綠山牆的安妮》中譯本序

安妮是一個十一歲的孤兒，一頭紅髮，滿臉雀斑，整天耽於幻想，不斷闖些小禍。假如允許你收養一個孩子，你會選擇她嗎？大概不會。馬修和瑪莉拉是一對上了年紀的獨身兄妹，他們也不想收養安妮，只是因為誤會，收養成了令人遺憾的既成事實。故事就從這裡開始，安妮住進了美麗僻靜村莊中這個叫做綠山牆的農舍，她的一言一行都將經受老處女瑪莉拉的刻板挑剔眼光——以及村民們的保守務實眼光——的檢驗，形勢對她十分不利。然而，隨著故事進展，我們看到，安妮的生命熱情融化了一切敵意的堅冰，給綠山牆和整個村莊帶來了歡快的春意。作為讀者，我們也和小說中所有人一樣不由自主地喜歡上了她。正如當年馬克．吐溫所評論的，加拿大女作家莫德．蒙哥馬利塑造的這個人物不愧是「繼不朽的艾麗絲之後，最令人感動和喜愛的兒童形象」。

在安妮身上，最令人喜愛的是那種富有靈氣的生命活力。她的生命力如此健康蓬勃，到處綻開愛和夢想的花朵，幾乎到了奢侈的地步。安妮擁有兩種極其寶貴的財富，一是對生活的驚奇感，二是充滿樂觀精神的想像力。對於她來說，每一天都有新的盼望、新的驚喜。她不怕盼望落空，因為她已經從盼望中享受了一半的喜悅。她生活在用想像力創造的美麗世界中，看見五月花，她覺得自己身在天堂，看見了去年枯萎的花朵的靈魂。請不要說安妮虛無縹緲，她的夢想之花確確實實結出了果實，使她周圍的人在和從前一樣的現實生活中，品嘗到了從前未曾發現的甜美滋味。

我們不但喜愛安妮，而且被她深深感動，因為她那樣善良。不過，她的善良不是來自某種道德命令，而是源自天性的純淨。她的生命是一條雖然激盪卻依然澄澈的溪流，彷彿直接從源頭湧出，既積蓄了很大的能量，又尚未受到任何汙染。安妮的善良實際上是一種感恩，是因為擁有生命、享受生命而產生的對生命的感激之情。懷著這種感激之情，她就善待一切幫助過她乃至傷害過她的人，也善待大自然中的一草一木。與憐憫、仁慈、修養相比，這種善良是一種更為本真的善良，而且也是更加令自己和別人愉快的。

所以我認為，這本書雖然是近一百年前問世的，今天仍然很值得我們一讀。

作為兒童文學的一部經典之作，今天的孩子們一定還能夠領會它的魅力，與可愛的主人公發生共鳴，孩子們比我聰明，無須我多言。我想特別說一下的是，今天的成人們也應當能夠從中獲得教益。在我看來，教益有二。一是促使我們反省對孩子的教育。我們該知道，就天性的健康和純淨而言，每個孩子身上都藏著一個安妮，我們千萬不要再用種種功利的算計去毀壞他們的健康，汙染他們的純淨，扼殺他們身上的安妮。二是促使我們反省自己的人生。在今日這個崇拜財富的時代，我們該自問，我們是否丟失了那些最重要的財富，例如對生活的驚奇感，使生活煥發詩意的想像力，源自感激生命的善良等等。安妮曾經向從來不想像與現實不同事情的人驚呼：「你錯過了多少東西！」我們也該自問：我們錯過了多少比金錢、豪宅、地位、名聲更寶貴的東西？

生活的減法

南極之行，從北京出發乘的是法航，可以託運60公斤行李。誰知到了聖地亞哥，改乘智利國內航班，只准託運20公斤。於是，只好把帶出的兩只箱子精簡成一只，所剩的物品就少了許多。到住處後，把這些物品擺開，所占空間極少，好像住在一間空屋子裡。可是，這麼多天下來，我並沒有感到缺少什麼。回想在北京的家裡，比這大得多的屋子總是滿滿的，每一樣東西好像都是必需的，但我現在竟想不起那些必需的東西是什麼了。於是我想，許多好像必需的東西其實可有可無。

在北京的時候，我每天都很忙碌，手頭上總有做不完的事。直到這次出發前夕，我仍然分秒必爭地做著我認為十分緊迫的其中一件事。可是一旦踏上旅途，再緊迫的事也只能擱下。現在，我已經把所有似乎必須限期完成的事擱下好些天了，但並沒有造成什麼嚴重後果。於是我想，許多好像必須做的事，其實是可做可不做。

許多東西，我們之所以覺得必需，只是因為我們已經擁有它們。當我們清理自己的居室時，我們會覺得每一樣東西都有用處，都捨不得扔掉。可是，倘若我們必須搬到一間小屋，只允許保留很少的東西，我們就會判斷出什麼東西是自己真正需要的。那麼，我們即使有一座大房子，不妨用只有一間小屋的標準限定必需的物品，從而為美化居室，留出更多的自由空間？

許多事情，我們之所以認為必須做，只是因為我們已經把它們列入了日程。如果讓我們憑空從其中刪除某一些，我們會難做取捨。可是，倘若我們知道自己已經來日不多，只能做成一件事情，我們就會判斷出什麼事情是自己真正想做的。那麼，我們即使還能活很久，又不妨用來日不多的標準來限定必做的事情，從而為享受生活留出更多的自由時間？

心靈的空間

我讀到泰戈爾的一段話，把它歸納及改寫如下：「未被占據的空間和未被占據的時間具有最高的價值。一個富翁的富並不表現在他的堆滿貨物的倉庫和一本萬利的經營上，而是表現在他能夠買下廣大空間來布置庭院和花園，能夠給自己留下大量時間來休閒。」同樣，心靈中擁有開闊的空間也是最重要的，如此才會有思想的自由。

接著，泰戈爾舉例說，窮人和悲慘的人的心靈空間完全被日常生活的憂慮和身體的痛苦所占據，所以不可能有思想的自由。我想補充指出的是，除此之外，還有另一類例證，就是忙人。

凡心靈空間的被占據，往往是出於逼迫。如果說窮人和悲慘的人是受了貧窮和苦難的逼迫，那麼，忙人則是受了名利和責任的逼迫。名利也是一種貧窮，慾壑難填的痛苦同樣具有匱乏的特徵，而名利場上的角逐同樣充滿生存鬥爭式的焦慮。至於說到責任，可分三種情形：一是出自內心的需要，另當別論；二是為了名利而承擔的，可以歸結為名利；三是既非內心自覺，又非貪圖名利，完全是職務或客觀情勢所強加的，那就與苦難相差無幾了。所以，一個忙人很可能是一個心靈上的窮人和悲慘的人。

這裡我還要談論，那種出自內在責任的忙碌，因為我常常認為我的忙碌屬於這一種。一個人真正喜歡一種事業，他的身心完全被這種事業占據了，能不能說他也沒有了心靈的自由空間呢？這首先要看在從事這種事業的時候，他是否真正感覺到了創造的快樂。譬如說寫作，寫作誠然是一種艱苦的勞動，但必定伴隨著創造的快樂，如果沒有，就有理由懷疑它是否蛻變成了一種強迫性的事務，乃至一種功利性的勞作。當一個人以寫作為職業的時候，這樣的蛻變很容易發生。心靈的自由空間是一個快樂的領域，其中包括創造的快樂、閱讀的快樂、欣賞大自然和藝術的快樂、情感體驗的快樂、無所事事地閒適和遐想的快樂等等。所有這些快樂都不是孤立的，而是共生互通的。所以，如果一個人永遠只是埋頭於寫作，不再有心思享受別的快樂，他創造的快樂和心靈的自由也大可懷疑。

我的這番思考是對我自己的一個警告，同時也是給所有自願的忙人一個提醒。我想說的是，無論你多麼熱愛自己的事業，也無論你的事業是什麼，你都要為自己保留一個開闊的心靈空間，一種內在的從容及悠閒。唯有在這個心靈空間中，你才能把你的事業作為你的生命果實來品嘗。如果沒有這個空間，你永遠忙碌，你的心靈永遠被與事業相關的各種事物所充塞，那麼，不管你在事業上取得如何的外在成功，都只是損耗了生命，而沒有品嘗到它的果實。

神聖的休息日

上帝在西奈山向摩西傳十誡，其第四誡是：週末必須休息，守為聖日。他甚至下令，凡安息日工作者格殺勿論。

這未免也太殘忍了。

不過，我們不妨把這看作寓言，其寓意是：閒暇和休息也是神聖的。

在《舊約．創世記》中，我們確實發現有這一層意思。其中說：上帝在六日內創造了世界萬物，便在第七日休息了。「他賜福給第七日，聖化那一日為特別的日子；因為他已經完成了創造，在那一日歇工休息。」可以想像，忙碌了六個工作日的上帝，在第七日的休憩中，一定領略到了另一種不尋常的快樂。所以，他責令他的子民倣傚他的榜樣，不但要勤於工作，而且要善於享受閒暇。

時至今日，《創世記》中上帝的日程表已經擴展成了全世界通用的日曆，七日為一星期，週末為休息日，已經成為萬民的習俗。我們真應該慶幸有一個懂得休息的上帝，並且應該把週末的休息日視為人類歷史上的偉大發明之一。試想一下，如果沒有週末的休息日，人類永遠埋首勞作，會成為怎樣沒頭腦的一種東西。週末給川流不息的日子規定了一個長短合宜的節奏，週期性地把我們的身體從勞作中解脫出來，同時也把我們的心智從功利中解脫出來，實為賜福人生之美事。

休息是神聖的，因為閒暇是生命的自由空間。只是勞作，沒有閒暇，人會喪失性靈，忘掉人生之根本。這豈不就是瀆神？所以，對於一個人人匆忙賺錢的時代，摩西第四誡是一個必要的警告。

當然，工作同樣是神聖的。無所作為的懶漢和沒頭沒腦的工作狂，乃是遠離神聖的兩極。創造之後的休息，如同創世後第七日的上帝那樣，這時我們最像一個神。

休閒的時尚

休閒已經成為一種時尚。在今天，如果一個人不是經常地泡酒吧、茶館或咖啡廳，不是熟門熟路地光顧各種名目的娛樂場所，他基本上算是落伍了。還有那些往往設在郊外風景區的度假村，據說服務項目齊全，當然主要是針對男人們而言。為了刺激和滿足休閒的需要，一個遍布全國各地的休閒產業正在興起。

我們的生活曾經十分單調，為謀生而從事的職業性勞動占據了最大比例，剩下的閒暇時間少得可憐。那時候有一句流行的話：「不會休息的人就不會工作。」位置擺得很清楚：閒暇時間只是用來休息，而休息又只是為工作服務。現在，對於相當一部分人群來說，情況已經改變。當閒暇時間足夠長的時候，它的意義就不只是為職業性勞動恢復和積蓄體力或腦力，而是越來越具有了獨立的價值。我們的生活質量不再僅僅取決於我們怎樣工作，同時也取決於我們怎樣消度閒暇。休閒完全是新的生活概念，表明閒暇本身要求用豐富的內容來充實它，這當然是一大進步。

然而，正因為如此，至少我是不願意把閒暇交給時尚支配。在現有社會條件下，多數人的職業選擇仍然不可避免地帶有一定的強制性，唯有閒暇是能夠自由支配的時間。閒暇之可貴，就在於我們在其中可以真正做自己的主人，展現自己的個性。時尚不過是流行的趣味罷了，其實是最沒有個性的。在酒吧的幽暗燭光下沉思，在咖啡廳的溫馨氛圍中約會，也許是很有情調的事情。可是，倘若只是為了情調而無所用心地坐在酒吧和咖啡廳裡，消磨掉一個又一個晝夜，我覺得那種生活實在無聊。

作為一種時尚的休閒，本質上是消費行為。平時忙於賺錢，緊張而辛苦，現在花錢買放鬆、買快樂，當然無可非議。可是，如果閒暇只是用來放鬆，它便又成了為工作服務的東西，失去了獨立的價值。至於快樂，我始終認為有等級之分。追求官能的快樂也沒什麼不好，但如果僅限於此，不知心靈的快樂為何物，等級未免太低。在這意義上，消度閒暇的方式的確表明了一個人的精神品級。

休閒的方式應該是各人不同的，如果雷同就一定是出了問題。「休閒」這個概念本身具有導向性，其實「閒」並非只可用來「休」。清人張潮有言：「能閒世人之所忙者，方能忙世人之所閒。」改用他的話，不妨說，積極的度閒方式是閒自己平時之所忙，從而忙自己平時之所閒。每一個人的生命都蘊藏多方面的可能性，任何一種職業在最好的情形下也只是實現了某一些可能性，而壓抑了其餘的可能性。閒暇便提供了一個機會，可以嘗試去實現其餘的可能性。人是不能絕對地無所事事，做平時想做而做不了的事，發展自己在職業中發展不了的能力，這本身是莫大的享受。所以，譬如說，一個商人在閒時讀書，一個官員在閒時寫書，在我看來都是極好的休閒。

第三輯　親近自然

親近自然

每年開春，彷彿無意中突然發現土中冒出了稚嫩的青草，樹木抽出了小小的綠芽，那時候會有一種多麼純淨的喜悅心情。記得小時候，在屋外的泥地裡埋幾粒黃豆或牽牛花籽，當看到小小的綠芽破土而出時，感覺到的也是這種心情。也許天下生命原是一家，也許我曾經是這麼一棵樹、一棵草，生命萌芽的歡欣越過漫長的進化系列，又在我的心裡復甦了？

唉！人的心，進化的最高產物，世上最複雜的東西，在這小小的綠芽面前，才恢復了片刻的純淨。

一個人的童年，最好是在鄉村度過。一切的生命，包括植物、動物、人，歸根究柢來自土地，生於土地，最後又歸於土地。在鄉村，那剛來自土地的生命仍能貼近土地，從土地汲取營養。童年是生命蓬勃生長的時期，而鄉村為它提供了充滿同樣蓬勃生長的生命的環境。農村孩子的生命不孤單，它有許多同伴，與樹、草、野兔、家畜、昆蟲進行著無聲的談話，它本能地感到自己屬於大自然的生命共同體。相比之下，城裡孩子的生命就十分孤單，遠離了土地和土地上豐富的生命，與大自然的生命共同體斷了聯繫。在一定意義上，城裡孩子是沒有童年的。

孩子天然地親近自然，親近自然中的一切生命。孩子就是自然，就是自然中的一個生命。

然而，今天的孩子很可憐。一方面，他們從小遠離自然，在他們的生活環境裡，自然最多只剩下了一點點殘片。另一方面，他們所處的文化環境也是非自然的，從小被電玩遊戲、太空動漫、教輔之類的產品所包圍，天性中的自然也遭到封殺。

我們正在從內外兩個方面切斷孩子與自然的聯繫，剝奪他們的童年。他們遲早會報復我們！

現在，我們與土地的接觸越來越少了。磚、水泥、鋼鐵、塑料和各種新型建築材料把我們包圍起來。我們把自己關在宿舍或辦公室的四壁之內。走在街上，我們同樣被房屋、商店、建築物和水泥路面包圍。我們總是活得那樣匆忙，來不及看看天空和土地。我們總是生活在眼前，忘掉了永恆和無限。我們已經不再懂得土地的痛苦和渴望，不再能欣賞土地的悲壯和美麗。

這熟悉的家、街道、城市，這熙熙攘攘的人群，有時候我會突然感到多麼陌生、多麼不真實。我思念被這一切覆蓋著的永恆的土地，思念一切生命的原始的家鄉。

每到重陽，古人就登高樓，望天涯，秋愁滿懷。今人一年四季關在更高的高樓裡，對季節毫無感覺，不知重陽為何物。

秋天到了。可是，哪裡是紅葉天、黃花地？在我們的世界裡，甚至已經沒有了天和地。我們已經自我放逐於自然和季節。

春來春去，花開花落，原是自然界的現象，似乎不足悲喜。然而，偏是在春季，物象的變化最豐富也最微妙，生命的節奏最熱烈也最急促，詩人的心，天下一切敏感的心，就不免會發生感應了。心中一團朦朧的情緒，似甜卻苦，乍喜還悲，說不清道不明，我們的古人稱之為「愁」。

細究起來，這「愁」又是因人因境而異，由不同的成分交織成的。觸景生情，彷彿起了思念，卻沒有思念的具體對象，是籠統的春愁。有思念的對象，但山河阻隔，是離愁。孤身漂泊，睹景思鄉，是旅愁和鄉愁。因季節變遷而悲年華的虛度或平生的不得志，是閒愁。因季節變遷而悲時光的流逝和歲月的無常，便是短暫人生的萬古大愁了。

我們不要譏笑古人多愁善感，倒不妨捫心自問，在匆忙的現代生活中，我們的心情與自然的物候之間還能否有如此密切的感應，我們的心腸是否太硬，對於自然界的生命節奏是否已經太麻木？

現代人只能從一杯新茶中品味春天的田野。

在燈紅酒綠的都市裡，覓得一粒柳芽、一朵野花、一刻清靜，人會由衷地快樂。在杳無人煙的荒野上，發現一星燈火、一縷炊煙、一點人跡，人也會由衷地快樂。自然和文明，人皆需要，二者不可缺一。

久住城市，偶爾來到僻靜的山谷湖畔，面對連綿起伏的山和浩淼無際的水，會感到一種解脫和自由。然而我想，倘若在此定居，與世隔絕，心境也許就會變化。儘管看到的還是同樣的山水景物，所感到的卻不是自由，而是限制了。

人及其產品把我和自然隔離開來，這是一種寂寞；千古如斯的自然把我和歷史隔離開來，這是又一種寂寞。前者是生命本身的寂寞，後者是野心的寂寞。那種兩相權衡終於承受不了前一種寂寞的人，最後會選擇歸隱。現代人對兩種寂寞都體味甚淺又都急於逃避，旅遊業因之興旺。

人是自然之子。但是，城市裡的人很難想起自己這個根本的來歷。這並不奇怪，既然所處的環境和所做的事情都離自然甚遠，唯有置身在大自然之中，自然之子的心情才會油然而生。那麼，到自然中去吧！面對山林和大海，你會越來越感到留在城市裡的那一點名利多麼渺小。當然，前提是你把心也帶去。最好一個人去，帶家眷亦可，但不要呼朋喚友，也不要開手機。對於現代人來說，經常客串一下「隱士」是聊勝於無的精神淨化方式。

我相信，終年生活在大自然中的人，是會對一草一木產生感情的，他會與它們熟識、交談，會惦記和關心它們。大自然使人活得更真實也更本質。

遊覽名勝，我往往記不住地名和典故。我為我的壞記性找到了一條好理由——

我是一個直接面對自然和生命的人。相對於自然，地理不過是細節；相對於生命，歷史不過是細節。

自然的奧祕

土地是潔淨的，它接納一切自然的汙物，包括動物的糞便和屍體，使之重歸潔淨。真正骯髒的是它不肯接納的東西——人類的工業廢物。

精神的健康成長離不開土地和天空，土地貢獻了來源與質料，天空則指示了目標和形式。比較起來，土地應該是第一位的。人來自泥土而歸於泥土，其實也是土地上的作物。土地是家，天空只是遼遠的風景。我甚至相信，古往今來哲人們對天空的沉思，那所謂形而上的關切，也只有在向土地的回歸之中，在一種萬物一體的親密感之中，方能獲得不言的解決。

長年累月關閉在窄屋裡的人，大地和天空都不屬於他，不可能具有開闊的視野和豐富的想像力。對於每天夜晚守在電視機前的現代人來說，頭上的星空根本不存在，星空曾經給予先哲的偉大啟示已經成為失落的遺產。

人與人之間碰撞，只能觸發生活的精明；人與自然的交流，才能開啟生命的智慧。

人習慣於以萬物的主人自居，而把萬物視為自己認知和利用的對象。海德格把這種對待事物的方式稱作技術的方式。在這種方式統治下，自然萬物都失去了自身的豐富性和本源性，縮減成了某種可以滿足人的需要的功能，只剩下了功能化的虛假存在。他呼籲我們擺脫技術方式的統治，與萬物平等相處。

其實，這也是現代許多詩性哲人的理想。在擺脫了認知與被認知、利用與被利用的關係之後，人不再是主體，物不再是客體，而都成了宇宙大家庭中的平等成員。那時候，一切存在者都回到了存在的本來狀態，都在用自己的語言對我們說話。

在觀賞者眼中，再美的花也只是花而已。唯有當觀賞停止、交流和傾聽開始之時，花朵才會對你顯靈和傾談。

看海，必須是獨自一人。和別人在一起時，看不見海的真相。那海灘上嬉水的人群，那身邊親密的同伴，都會成為避難所，你的眼光和你的心躲在裡面，逃避海的威脅。你必須無處可逃，聽憑那莫名的力量把你吞滅，時間消失，空間消失，人類消失，城市和文明消失，你自己也消失，或者與海合而為一，融入了千古荒涼之中。

瞥見海的真相的人不再企圖談論海，因為他明白了康德說的道理：用人類理性發明的語詞只能談論現象，不能談論世界的本質。

赫拉克利特說：「自然喜歡躲藏起來。」這句話至少有兩層含義：第一，自然是頑皮的，喜歡和尋找它的人捉迷藏；第二，自然是羞怯的，不喜歡暴露在光天化日之下。所以，一個好的哲人在接近自然的奧祕時，應當懷有兩種心情：他既像孩子一樣懷著遊戲的激情，又像戀人一樣懷著神聖的愛情。他知道真理不易被捉到，更不可被說透。真理躲藏在人類語言之外的地方，於是他只好說隱喻。

存在的一切奧祕都是用比喻說出來的。對於聽得懂的耳朵，大海、星辰、季節、野花、嬰兒都在說話，而聽不懂的耳朵卻什麼也沒有聽到。

當好自然之子

人，棲居在大地上，來自泥土，也歸於泥土，大地是人的永恆家園。如果有一種裝置把人與大地隔絕開來，切斷了人的來路和歸宿，這樣的裝置無論有多奢華，還算是什麼家園呢？

人，棲居在天空下，仰望蒼穹，因驚奇而探究宇宙之奧祕，因敬畏而感悟造物之偉大，於是有科學和信仰，此人所以為萬物之靈。如果高樓蔽天，俗務纏身，人不再仰望蒼穹，這樣的人無論多麼有錢，又算是什麼萬物之靈呢？

人是自然之子，在自然的規定範圍內，可製作，可創造，可施展聰明才智。但是，自然的規定不可違背。人不可背離土地，不可遮蔽天空，不可忤逆自然之道。老子曰：「人法地，地法天，天法道，道法自然。」此之謂也。

一位英國詩人吟道：「上帝創造了鄉村，人類創造了城市。」創造城市，在大地上演繹五彩繽紛的人間故事，證明人的聰明。可是，倘若人用自己的作品把自己與上帝的作品隔離開來，那就是愚昧；倘若人用自己的作品排擠和毀壞掉上帝的作品，那就是褻瀆。

人類曾經以地球的主人自居，對地球為所欲為，結果破壞了地球上的生態環境，並且自食其惡果。於是，人類開始反省自己的行為。

反省的第一個認識是，人不能用奴隸主對待奴隸的方式對待地球，人若肆意奴役和蹂躪地球，實際上是把自己變成了地球的敵人，必將遭到地球的報復，就像奴隸主遭到奴隸的報復一樣。地球是人的家，人應該為了自己的長遠利益管好這個家，做地球的好主人，不要做敗家子。

在這一認識中，主人的地位未變，只是統治的方式開明了一些。然而，反省的深入正在形成更高的認識：人作為地球主人的地位真的不容置疑嗎？與地球上別的生物相比，人真的擁有特權嗎？一位現代生態學家說：人類是作為綠色植物的客人生活在地球上的。若把這個說法加以擴展，我們便可以說，人是地球的客人。作為客人，我們在享受主人的款待時倒也不必羞愧，但同時我們應當懂得尊重和感謝主人。做一個有教養的客人，這可能是人對待自然的最恰當的態度吧！

我們應向一切虔信的民族學習一個基本信念，就是敬畏自然。我們要記住，人是自然之子，在總體上只能順應自然，不能征服和支配自然，無論人類創造出怎樣偉大的文明，自然永遠比人類偉大。我們還要記住，人誠然可以親近自然、認識自然，但這是有限度的，自然有其不可接近和揭穿的祕密，各個虔信的民族都把這祕密稱作神，我們應當尊重這祕密。

在對待自然的態度上，現在大概不會有人公開贊成掠奪性的強盜行徑。但是，同為主張善待自然，出發點仍有很大分歧。一派強調以人類為中心，從人類長遠利益出發合理利用自然。另一派反對人類中心論，認為從根本上說，自然是一個應該敬畏的對象。我的看法是，兩派都有道理，但說的是不同層次上的道理，而低層次的道理要服從高層次的道理。合理利用自然是科學，不管考慮到人類多麼長遠的利益，合理的程度多麼高，仍然是科學，而科學必有其界限。生態不僅是科學問題，而且是倫理問題，正是倫理為科學規定了界限。

旅遊業發展到哪裡，就敗壞了哪裡的自然風景。

我想尋找一個僻靜的角落，卻發現到處都是廣告喇叭、商業性娛樂設施和湊熱鬧的人群。

在城市化進程中，我們必須經常問自己一個問題：我們將給子孫留下什麼？我們是否消滅了該留下的東西，又製造了不該留下的東西？我們把祖宗在這片土地上創造的寶貴遺產糟蹋了，把大自然贈與的肥沃田野鯨吞了，蓋上了大批今後不得不拆的建築，它們豈不將成為子孫的莫大難題，一份幾乎無法償還的帳單？建設的錯誤難以彌補，但願我們不要成為挨好幾代子孫罵的一代人。

懷念土地

按照《聖經》的傳說，上帝是用泥土造出人類的始祖亞當的：「上帝用地上的泥土造人，將生氣吹在他的鼻孔裡，他就成了有靈的活人，名叫亞當。」上帝還對亞當說：「你本是泥土，仍要歸於泥土。」在中國神話傳說中，女媧也是用泥土造人的：「女媧摶黃土作人。」這些相似的傳說說明了一個深刻的道理：土地是人類的生命之源。

其實，不但人類的生命，而且人類的精神，都離不開土地。就說說真、善、美吧！人類精神所追求的這些美好的理想價值，也無不孕育於大地的懷抱。如果大地上不是萬象紛呈，萬物變易，我們怎會有求真理的興趣和必要，如果大地本身不是堅實如恆，我們又怎會有求真理的可能和信心？如果不曾領略土地化育和接納萬物的寬闊胸懷，我們又怎麼會懂得什麼是善良、仁慈和堅忍？如果沒有欣賞過大地上山川和落日的壯麗，傾聽過樹林裡的寂靜和風聲，我們對美又怎麼會有真切的感受？精神的理想如同頭上的天空，而天空也是屬於大地的，唯有在遼闊的大地上方才會有遼闊的天空。可以說，一個人擁有的天空是和他擁有的大地成正比。長年累月關閉在窄屋裡的人，大地和天空都不屬於他，不可能具有開闊的視野和豐富的想像力。對於每天夜晚守在電視機前的現代人來說，頭上的星空根本不存在，星空曾經給予先哲的偉大啟示已經成為失落的遺產。

我們都會說人是大自然之子的道理，可惜的是，能夠記起大自然母親的面貌的人越來越少。從生到死，我們都遠離土地而生活，就像一群遠離母親的孤兒。到各地走走，你會發現到處都在興建雷同的城鎮，千篇一律的商廈和水泥馬路，取代了祖先們修築的土牆和小街，田野和村莊正在迅速消失。甚至在極偏僻的地方，你也難覓寧靜的自然之趣和淳樸的民風，迎接你的總是卡拉ＯＫ的喧鬧和假民俗的做作。最可悲的是我們的孩子，他們在這樣一種與大自然完全隔絕的生活模式中成長，壓根沒有過同大自然親近的經驗和對土地的記憶，因而也很難在他們身上喚起對大自然的真正興趣。有一位作家寫到，她曾帶幾個孩子到野外去看月亮和海，可是孩子們對月亮和海毫無興趣，心裡惦記著的是及時趕回家去，不要耽誤了他們喜歡的電視節目。

我們切不可低估這一事實的嚴重後果。一棵植物必須在土裡紥下根，才能健康地生長。人也是這樣，只是在外表上不像植物那麼明顯，所以很容易被我們忽視。我相信，遠離土地必定要付出可怕的代價。倘若這種對大自然的麻木不仁延續下去，人類就不可避免地要發生精神上的退化。在電視機前長大的新一代人，當然讀不進荷馬和莎士比亞。始終在人造產品的包圍下生活，人們便不再懂得欣賞神和半神的創造，這有什麼奇怪呢？在我看來，不管現代人怎樣炫耀自己的技術和信息，倘若對自己生命的來源與基礎渾渾噩噩，便是最大的矇昧和無知。人類的聰明在於馴服自然，在廣袤的自然世界中為自己開闢出一個令自己愜意的人造世界。可是，如果因此而沉溺在這個人造世界裡，與廣袤的自然世界斷了聯繫，就真是聰明反被聰明誤了。自然的疆域無限，終身自拘於狹小人工範圍的生活畢竟是可憐的。

都市裡的外鄉人

我出生在都市，並且在都市裡度過迄今為止的大部分歲月。可是，我常常覺得，我只是都市裡的一個外鄉人。我的活動範圍極其有限，基本上是坐在家裡讀書和寫作，每週去一趟公司，偶爾到朋友家裡串一串門，或者和朋友們去郊外玩一玩。在偌大都市中，我最熟悉的僅是住宅附近的一兩家普通商店，那已經足以應付我的基本生活需要。其餘的廣大區域，尤其是使都市引以自豪的那許多豪華商場和高級娛樂場所，對於我不過是一種觀念的存在，是一些我無暇去探究的現代迷宮。

近些年來，我去過一些城市。我驚奇地發現，所到之處，即使是從前很偏僻的地方，都正在迅速湧現一個個新的都市。然而，這些新的都市是何其雷同！古舊的小街和城牆被拆除了，取而代之的是環城公路和通衢大道。格局相似的豪華商場向每一個城市的中心勝利進軍，成為每一個城市的新的標記。可是，這些標記絲毫不能顯示城市的特色，相反卻證明了城市的無名。事實上，當你徘徊在某一個城市的街頭時，如果單憑眼前的景觀，你的確無法判斷自己究竟身在哪一個城市。甚至人們的消閒方式也在趨於一致，夜幕降臨之後，延安城裡不再聞秧歌之聲，時髦的青年男女紛紛走進蘭花花卡拉OK廳。

當然，都市化還可以有另一種模式。我去過歐洲的一些城市，例如世界大都會巴黎，那裡在更新城市建築的同時，把維護城市的歷史風貌看得比一切都重要，幾近於神聖不可侵犯。一個城市的建築風格和和民俗風情體現了這個城市的個性，它們源於這個城市的特殊的歷史和文化傳統。消滅了一個城市的個性，等於消滅了這個城市的記憶。這樣的城市無論多麼繁華，對於它的客人都喪失了學習和欣賞的價值，對於它的主人也喪失了家的意義。其實，在一個失去了記憶的城市裡，並不存在真正的主人，每一個居民都只是無家可歸的外鄉人而已。

就我的性情而言，我恐怕永遠將是一個游離於都市生活的外鄉人。不過，我無意反對都市化。我知道，雖然都市化會帶來諸如人口密集、交通擁擠之類的弊端，但都市化本身畢竟是一個進步，它促進了經濟和文化的繁榮。我只是希望都市化按照一種健康的方式進行。即使作為一個外鄉人，我也能夠欣賞都市的美。

有時候，夜深人靜之時，我獨自漫步在燈火明滅的北京街頭，望著被五光十色的聚光燈照亮的幢幢高樓，一種讚歎之情便油然而生：在浩瀚宇宙的一個小小角落，可愛的人類竟給自己造出了這麼些精巧的玩具。我還慶幸於自己的發現：都市最美的時刻，是在白晝和夜生活的喧囂都沉寂的時候。

旅＋遊＝旅遊？

一、旅＋遊＝旅遊？

從前，一個「旅」字，一個「遊」字，總是單獨使用，凝聚著離家的悲愁。「山曉旅人去，天高秋氣悲。」「浮雲蔽白日，遊子不顧反。」孑然一身，隱入蒼茫自然，真有說不出的淒涼。

另一方面，莊子「游於壕梁之上」，李白「一生好入名山遊」，「遊」字又給人一種逍遙自在的感覺。

也許，這兩種體驗的交織，正是人生羈旅的真實境遇。我們遠離了家、親人、公務和日常所習慣的一切，置身於陌生的事物之中，感到若有所失。這「所失」使我們悵然，但同時使我們獲得一種解脫之感，因為我們發現，原來那失去的一切非我們所必需，過去我們固守著它們，反倒失去了更可貴的東西。在與大自然的交融中，那狹隘的鄉戀被淨化了。寄旅和漫遊深化了我們對人生的體悟：我們無家可歸，但我們有永恆的歸宿。

不知從什麼時候起，「旅」「遊」二字合到了一起。於是，現代人不再悲愁，也不再逍遙，而只是安心又倉促地完成著他們繁忙事務中的一項——「旅遊」。

那麼，請允許我說：我是旅人，是遊子，但我不是「旅遊者」。

二、現代旅遊業

旅遊業是現代商業文明的產物。在這個「全民皆商」、漲價成風的年頭，也許我無權獨獨抱怨旅遊也納入了商業軌道，成了最昂貴的消費之一。可悲的是，人們花了錢仍得不到真正的享受。

平時匆忙賺錢，積夠了錢，旅遊去！可是，普天下的旅遊場所，哪裡不充斥著招攬顧客的吆喝聲、假冒險的娛樂設施、湊熱鬧的人群？可憐在一片嘈雜中花光了錢，拖著疲憊的身子回家，又重新投入匆忙的賺錢活動。

一切意義都寓於過程。然而，現代文明是急功近利的文明，只求結果，藐視過程。人們手捧旅遊圖，肩背照相機，按圖索驥，專找圖上標明的去處，在某某峰、某某亭「咔嚓」幾下，留下「到此一遊」的證據，便心滿意足地離去。

每當我看到舉著小旗、成群結隊、掐著鐘點的團體旅遊，便生愚不可及之感。現代人已經沒有足夠的靈性獨自面對自然。在人與人的擠壓中，自然消隱不見了。是的，我們有了旅遊業。可是，恬靜的陶醉在哪裡？真正的精神愉悅在哪裡？與大自然的交融在哪裡？

三、名人與名勝

赫赫有名者未必優秀，默默無聞者未必拙劣。人如此，自然景觀也如此。人怕出名，風景也怕出名。人一出名，就不再屬於自己，慕名者絡繹來訪，使他失去了寧靜的心境，以及和二三知友相對而坐的情趣。風景一出名，也就淪入凡塵，遊人雲集，使它失去了寧靜的環境以及被真正知音賞玩的欣慰。

當世人紛紛擁向名人和名勝之時，我獨愛潛入陋巷僻壤，去尋訪不知名的人物和景觀。

現代技術的危險何在？

現代技術正在以令人瞠目的速度發展，不斷創造出令人瞠目的奇蹟。人們奔走相告：數字化生存來了，複製來了……接下來還會有什麼東西來了？儘管難以預料，但一切都是可能的，現代技術似乎沒有什麼事情辦不到。面對這個無所不能的怪獸，人們興奮而又不安，歡呼聲和譴責聲此起彼伏，而它對這一切置若罔聞，依然邁著它的目空一切的有力步伐。

按照通常的看法，技術無非是人為了自己的目的而改變事物的手段，手段本身無所謂好壞，它之造福還是為禍，取決於人出於什麼目的發明和運用它。樂觀論者相信，人有能力用道德約束自己的目的，控制技術的後果，使之造福人類，悲觀論者則對人的道德能力不抱信心。彷彿全部問題在於人性的善惡，由此而導致技術服務於善的目的還是惡的目的。然而，有一位哲學家，他越出了這一通常的思路，在五十年代初便從現代技術的早期演進中看到了真正的危險所在，向技術的本質發出了追問。

在海德格看來，技術不僅僅是手段，更是一種人與世界之關係的構造方式。在技術的視野裡，一切事物都只是材料，都縮減為某種可以滿足人需要的功能。技術從來就是這樣的東西，不過，在過去的時代，技術的方式只占據非常次要的地位，人與世界的關係主要是一種非技術、自然的關係。對我們的祖先來說，大地是化育萬物的母親，他們懷著感激的心情接受土地的贈禮，守護存在的祕密。現代的特點在於技術幾乎成了唯一的方式，實現了「對整個地球的無條件統治」，因而可以用技術來命名時代，例如原子能時代、電子時代等等。現代人用技術的眼光看一切，神話、藝術、歷史、宗教和樸素自然主義的視野趨於消失。在現代技術的統治下，自然萬物都失去了自身的豐富性和本源性，僅僅成了能量的提供者。譬如說，大地不復是母親，而只是任人開發的礦床和地產。畜禽不復是獨立的生命和人類的夥伴，而只是食品廠的原料。河流不復是自然的風景和民族的搖籃，而只是水壓的供應者。海德格曾經為萊茵河鳴不平，因為當人們在河上建造發電廠之時，事實上是把萊茵河建造到了發電廠裡，使它成了發電廠的一個部件。那麼，想一想長江與黃河吧！在現代技術的視野中，它們豈不也只是發電廠的巨大元素，它們的自然本性和悠久歷史何嘗有一席位置？

現代技術的真正危險，並不在於諸如原子彈爆炸之類可見的後果，而在於它的本質中業已包含這種對待事物的方式，它剝奪了一切事物的真實存在和自身價值，使之只剩下功能化的虛假存在。這種方式必定在人身上實行報復，在技術過程中，人的個性差別和價值也不復存在，一切人都變成了執行某種功能的技術人員。事情不止於此，人甚至還成了有朝一日可以按計劃製造的「人力物質」。不管幸運還是不幸，海德格活著時趕上了人工授精之類的發明，化學家們已經預言人工合成生命的時代即將來臨，他對此評論道：「對人的生命和本質的進攻已在準備之中，與之相比較，氫彈的爆炸也算不了什麼了。」現代技術「早在原子彈爆炸之前就毀滅了事物本身」。總之，人和自然事物兩方面都喪失了自身的本質，如同里爾克在一封信中所說的，事物成了「虛假的事物」，人的生活只剩下「生活的假象」。

既然現代技術的危險在於人與世界之關係的錯誤建構，那麼，如果不改變這種建構，僅僅克服技術的某些不良後果，真正的危險就仍未消除。出路在哪呢？有一個事實看來是毋庸置疑的：沒有任何力量能夠阻止現代技術發展的步伐，人類也絕不可能放棄已經獲得的技術文明而復歸田園生活。其實，被譏為「黑森林的浪漫主義者」的海德格也不存此種幻想。綜觀他的思路，我們可以看出，雖然現代技術的危險包含在技術的本質中，但是，技術的方式成為人類主導的，乃至唯一的生存方式，卻好像並不具有必然性。也許出路就在這裡。我們是否可以在保留技術的視野的同時，再度找回其他的視野呢？如果說技術的方式根源於傳統的形而上學，在計算性思維中遺忘了存在，那麼，我們能否從那些歌吟家園的詩人那裡受到啟示，在冥想性思維中重新感悟存在？當然，這條出路未免抽象而渺茫，人類的命運仍在未定之中。於是我們便可以理解，為何海德格留下的最後手跡竟是一個沒有答案的問題——

「在技術化千篇一律的世界文明時代中，是否還能有家園？」

詩意地棲居

鑑於碳排放過量導致全球環境破壞和氣候異常的嚴峻事實，國際社會正在倡導低碳理念，實施低碳行動，政府對此也積極響應。低碳理念的落實，在技術層面上有賴於能源體系的變革，即尋求化石能源節約、高效和潔淨化利用的途徑，並大力發展非石化潔淨能源。但是，單有技術層面顯然不夠，嚴重碳汙染只是人類某種錯誤的生存發展觀念的惡果之一，唯有在哲學層面上深刻反思，根本轉變人類的生存發展觀念，才能真正解決問題。

荷爾德林有一首詩，其中的一句是：「人詩意地棲居在這個大地上。」海德格對這一句詩做了非常繁複的分析，其中心意思是，詩意是棲居的本質，只有詩意才使人真正作為人棲居在大地上，從而使棲居成為安居，使大地成為家園。我認為可以由之引申出兩個觀點：第一，在人與自然的關係上，人應該以詩意方式而非技術方式對待自然；第二，在人自身的幸福追求上，人應該以詩意生活而非物質生活作為目標。從這兩個方面來看當今世人的生存境況，我們不得不承認，詩意已蕩然無存。

什麼叫對待自然的技術方式？就是把自然物僅僅看成滿足人的需要的一種功能，對人而言的一種使用價值，簡言之，僅僅看成資源和能源。天生萬物，各有其用，這個用不是只對人而言的。用哲學的語言說，萬物都有其自身的存在和權利，用科學的語言說，萬物構成了地球上自循環的生態系統。然而，在技術方式的統治下，一切自然物都失去了自身的存在和權利，只成了能量的提供者。今天的情況正是如此，在席捲全國的開發熱中，國人眼中只看見資源，名山只是旅遊資源，大川只是水電資源，土地只是地產資源，礦床只是礦產資源，皆已被開發得面目全非。這個被人糟蹋得滿目瘡痍的大地，如何還能是詩意棲居的家園？

由此可見，問題不是出在技術，而是出在對待自然的技術方式本身。與技術方式相反，詩意方式就是要擺脫狂妄的人類中心主義和狹窄的功利主義的眼光，用一種既謙虛又開闊的眼光看自然萬物。一方面，作為自然大家庭中的普通一員，人以平等的態度尊重萬物的存在和權利。另一方面，作為地球上唯一的精神性存在，人又通過與萬物和諧相處而領悟存在的奧祕。其實，對待自然的詩意方式並不玄虛，這在一切虔信的民族那裡是一個傳統。比如在藏民眼中，自然山河絕不只是資源和能源，更不是征服的對象，相反，他們把大山大川看作神居住的地方，虔誠地崇拜。我們不要說他們愚昧，愚昧的可能是我們而不是他們，他們遠比我們善於和自然和諧相處，並從中獲得神聖的感悟。

毫無疑問，人為了生存，對待自然的技術方式是不可缺少的。但是，必須限制技術的施展範圍，把人類對自然物的干預和改變控制在最必要限度之內，讓自然物得以按照自然的法則完成其生命歷程。人類應該在這個前提下安排自己的經濟和生活，而這就意味著大大減少資源和能源的開發及使用。

也許有人會問：這不是要人類降低生活質量，因而是一種倒退嗎？且慢，我正想說，若要追究我們對待自然的錯誤方式的根源，恰恰在於我們的價值觀、幸福觀出了問題。正因為在我們的幸福藍圖中詩意已沒有位置，我們才會以沒有絲毫詩意的方式對待自然。在今天，人們往往把物質資料的消費視為幸福的主要內容，國家也往往把物質財富的增長視為治國的主要目標，我可斷言，這樣的價值觀若不改變，人類若不約束自己的貪慾，人對自然的掠奪就不可能停止。我聽到有論者強調說：低碳經濟的目標是低碳高增長。我不禁要問：為什麼一定要高增長？我很懷疑，以高增長為目標，低碳能否實現，至少在非石化能源尚難普及的時期裡無法實現。在我看來，寧可經濟增長慢一點，多花一點力氣來建構全民福利，縮小貧富差別，增進社會和諧，這樣人民會更幸福。

所以，真正需要反思的問題是：什麼是幸福？現代人很看重技術所帶來的便利，日常生活依賴汽車和家用電器，甚至運動和娛樂也依賴各種複雜的設施，耗費了大量能源，但因此就生活得比古人幸福麼？李白當年「五嶽尋仙不辭遠，一生好入名山游」，走了許多崎嶇的路，留下了許多不朽的詩。我們現在搭乘飛機往返景區，乘纜車上山下山，倒是便捷了，但看到、感受到的東西可有李白的萬分之一？我們比李白幸福嗎？蘇東坡當年夜遊承天寺，對朋友感嘆道：「何夜無月，何處無竹柏，但少閒人如吾二人耳。」我們現在更少這樣的閒人，而最可悲的是，從前無處不有的明月和竹柏也已經成了稀罕之物，我們比蘇東坡幸福嗎？

是的，詩意是棲居的本質，人如果沒有了詩意，大地就會遭受蹂躪，不再是家園，精神就會變得平庸，而不再幸福。

第四輯　財富與幸福

金錢的好處

人們不妨讚美清貧，卻不可謳歌貧困。人生的種種享受需要好的心境，而貧困會剝奪好的心境，足以扼殺生命的大部分樂趣。

金錢的好處便是使人免於貧困。

但是，在提供積極的享受方面，金錢的作用極其有限。人生最美好的享受，包括創造、沉思、藝術欣賞、愛情、親情等等，都非金錢所能買到。原因很簡單，所有這類享受皆依賴於心靈的能力，而心靈的能力與錢包的鼓癟毫不相干。

人在多大程度上不依賴於物質的東西，人就在多大程度上是自由的。所謂不依賴，在生存有保障的前提下，是一種精神境界。窮人是不自由的，因為他的生存受制於物質。那些沒有精神目標的富人更是不自由，因為他的全部心靈都受制於物質。自由是精神生活的範疇，物質只是自由的必要條件，永遠不是充分條件，永遠不可能直接帶來自由。

無論個人，還是人類，如果謀求物質不是為了擺脫其束縛而獲得精神的自由，人算什麼萬物之靈呢？

愛默生說：有錢的主要好處是用不著看人臉色。這也是我的體會。錢是好東西，最大的好處是可以使你在錢面前獲得自由，包括在一切涉及錢的事情面前，而在這個俗世間，涉及錢的事情何其多。所以，即使對一個不貪錢的人來說，有錢也是件好事。

但是，錢不是最好的東西，不能為了這個次好的東西而犧牲最好的東西。一個人如果貪錢，有了錢仍受錢支配，在錢面前毫無自由，這裡所說有錢的好處就蕩然無存了。

在做事的時候，把興趣放在第一位，而把錢只當作副產品，這是面對金錢一種最愜意的自由。當然，前提是錢已經夠花了。不過，如果你把錢已經夠花的標準定得低一點，你就可以早一點獲得這種自由。

錢是好東西，但不是最好的東西。最好的東西是生命的單純、心靈的豐富和人格的高貴。為了錢而毀壞最好的東西，是十足的愚昧。

錢夠花了以後，給生活帶來的意義便十分有限，接下來能否提高生活質量，就要看你的精神實力了。

金錢、消費、享受、生活質量——當我把這些相關的詞排列起來時，我忽然發現它們好像有一種遞減關係：金錢與消費的聯繫最為緊密，與享受的聯繫要弱一些，與生活質量的聯繫就更弱。因為至少，享受不限於消費，還包括創造，生活質量不只看享受，還要看承受苦難的勇氣。在現代社會裡，金錢的力量當然是有目共睹的，但是這種力量肯定沒有大到足以修改我們對生活的基本理解。

當另一個生命，
一個陌生得連名字也不知道的生命，
遠遠地卻又那麼親近地發現了你的生命，
透過世俗功利和文化的外觀，
向你的生命發出了不求回報的呼應，
這豈非人生中令人感動的幸遇？

兩種快樂的比較

物質帶來的快樂終究有限，只有精神的快樂才可能是無限。

遺憾的是，現在人們都在拚命追求有限的快樂，甘願捨棄無限的快樂，結果普遍活得不快樂。

快樂更多地依賴於精神而非物質，這個道理一點也不深奧。任何一個品嘗過兩種快樂的人都可以憑自身的體驗予以證明，那些沉湎於物質快樂而不知精神快樂為何物的人，也可以憑自己的空虛予以證明。

肉體需要有它的極限，超於此上的都是精神需要。奢侈、揮霍、排場、虛榮，這些都不是直接的肉體享受，而是一種精神上的滿足，當然是比較低級的滿足。一個人在肉體需要得到了滿足之後，他的剩餘精力必然要投向對精神需要的追求，而精神需要有高低之分，由此鑑別出了人的靈魂質量。

正是與精神的快樂相比較，物質所能帶來的快樂顯出了它的有限，唯有精神的快樂才可能是無限的。因此，智者的共同特點是：一方面，因為看清了物質快樂的有限，最少的物質就能使他們滿足；另一方面，因為渴望無限的精神快樂，再多的物質也不能使他們滿足。

上天的賜予本來是公平的，每個人天性中都蘊涵著精神需求，在生存需要基本得到滿足之後，這種需求理應覺醒，它的滿足理應越來越成為主要的目標。那些永遠折騰在功利世界裡的人，那些從來不諳思考、閱讀、獨處、藝術欣賞、精神創造等心靈快樂的人，他們是如何辜負了上天的賜予啊！不管他們多麼有錢，卻是度過了如何貧窮的一生啊！

有的人始終在物質的層面上追求，無論得到了多少物質，仍然感到空虛，於是更熱切地追求，然而空虛依舊，這是怎麼回事呢？我想，對於這種情況，也許不可簡單地斥為慾壑難填了事。一個可能的情況是，他們不知道空虛的原因，在試圖解決時弄錯了方向。其實，是靈魂感到空虛，而靈魂的空虛是再多的物質也填補不了。人人都有一個靈魂，但並非人人都意識到自己靈魂的存在，而感到空虛恰恰是發現靈魂的一個契機。因此，我的勸告是，你不要逃避空虛，而要直接面對空虛，從而改變用力的方向，開啟精神層面上的追求。否則，你通過追求物質來逃避空虛，既然這空虛是在你的靈魂裡，你怎麼逃避得了呢！

為了抵禦世間的誘惑，積極的辦法不是壓抑低級慾望，而是喚醒、發展和滿足高級慾望。我所說的高級慾望指人的精神需要，它也是人性的組成部分。人一旦品嘗到和陶醉於更高的快樂，面對形形色色的較低快樂的誘惑就自然有了「定力」。最好的東西你既然已經得到，你對那些次好的東西也就不會特別在乎了。

對於飢餓者，肚子最重要，腦子不得不為肚子服務。吃飽了，肚子最不重要，腦子就應該為心靈工作了。人生在世，首先必須解決生存問題，生存問題解決了，精神價值就應該成為主要目標。如果仍盯著肚子以及肚子的延伸，腦子只圍著錢財轉動，正表明缺少了人之為人的最重要的「器官」——心靈，因此枉為了人。民族也是如此。其情形當然比個人複雜，因為面對的是全體人民的生存問題，如何保證其公平的解決，一開始就必須貫穿民主、正義、人權等精神價值的指導。

謀財害命新解

惡人的謀財害命，是謀人之財，害人之命，這終究屬於少數。今日多的是另一種謀財害命——謀人世的錢財，害自己的性命。其中又有程度的不同。最顯著者是謀不義之財，因此埋下禍種，事未發則在恐懼中度日，事發則坐牢乃至搭上了性命。但是，這仍然屬於少數。最多的情形是，在無止境的物質追求中，犧牲了生命純真的享受，敗壞了生命純真的品質。這一種謀財害命，因為它的普遍性和隱蔽性，正是我們最應該警覺的。

有人說：「有錢可以買時間。」這話當然不錯。但是，如果大前提是「時間就是金錢」，買得的時間又追加為獲取更多金錢的資本，則一生勞碌便永無終時。

所以，應當改變大前提：時間不僅是金錢，更是生命，而生命的價值是金錢所無法衡量。

要熱愛生命，不要熱愛物質，沉湎於物質正說明對生命沒有感覺。

物質上的貧民，錢越少，越受金錢的奴役。精神上的貧民，錢越多，越受金錢的奴役。

「知足常樂」是中國的古訓，我認為在金錢的問題上，這句話是對的。以掙錢為目的，掙多少算夠，這個界限無法確定。事實上，凡是以掙錢為目的的人，他永遠不會覺得夠，因為富了終歸可以更富，一旦走上了這條路，很少有人能夠自己停下來。

到處供奉財神爺，供奉福祿壽三神，世上有哪一個民族如此厚顏無恥地公開崇拜金錢，如此坦然於自己的貪婪？

世界上好像只有中國有財神爺，在信仰問題上，我想像不出還會有什麼比這更大的諷刺了。神是最高價值的象徵，把金錢供為神，意味著一切神聖價值都可以遭到褻瀆。事實上，今天許多人拜佛，拜的也是金錢，佛成了財神爺的替身。個人為財富損害生命，政府為財政破壞自然，都是拜金主義導致的價值觀顛倒。

驕奢是做人的大忌。驕，狂妄自大，是不知道人的渺小，忘記了自己不是神；奢，耽於物欲，是不知道人的偉大，忘記了自己有神性。二者的根源，都是心中沒有神。心中有神，則可戒驕奢，第一知人的能力的有限，不驕傲，第二知物質慾望的卑下，不奢靡。

消費＝享受？

我討厭形形色色的苦行主義。人活一世，生老病死，受盡苦難，在能享受時憑什麼不享受？享受實在是人生的天經地義。蒙田甚至把善於享受人生稱作「至高至聖的美德」，據他說，凱撒、亞歷山大都是視享受生活樂趣為自己的正常活動，而把他們叱咤風雲的戰爭生涯看作非正常活動。

然而，怎樣才算真正享受人生呢？對此就不免見仁見智了。依我看，我們時代的迷誤之一是把消費當作享受，而其實兩者完全不是一回事。我並不想介入高消費能否促進繁榮的爭論，因為那是經濟學家的事，和人生哲學無關。我也無意反對汽車、別墅、高檔家具、四星級飯店、KTV等等，只想指出這一切僅屬於消費範疇，而奢華的消費並非享受的必要條件，更非充分條件。

當然，消費和享受不是絕對互相排斥，有時兩者會發生重合。但是，它們之間的區別又顯而易見。例如，純粹洩慾的色情活動只是性消費，靈肉與共的愛情才是性的真享受；走馬看花式的遊覽景點只是旅遊消費，陶然於山水之間才是大自然的真享受；用電視、報刊、書籍解悶只是文化消費，啟迪心智的讀書和藝術欣賞才是文化的真享受。要而言之，真正的享受有心靈參與，其中必定包含所謂「靈魂的愉悅和昇華」的因素。否則，花再多錢，也只能叫做消費。享受和消費的不同，正相當於創造和生產的不同。創造和享受屬於精神生活的範疇，就像生產和消費屬於物質生活的範疇一樣。

以為消費的數量會和享受的質量成正比，實在是一種糊塗看法。蘇格拉底看遍雅典街頭的貨攤，驚嘆道：「這裡有多少我不需要的東西啊！」每個稍有悟性的讀者讀到這則故事，都不禁會心一笑。塞涅卡說得好：「許多東西，僅當我們沒有它們也能對付時，我們才發現它們原來是多麼不必要的東西。我們過去一直使用著它們，這並不是因為我們需要它們，而是因為我們擁有它們。」另一方面，正因為我們擁有了太多的花錢買來的東西，便忽略了不用花錢買的享受。「清風朗月不用一錢買」，可是每天夜晚守在電視機前的我們哪裡還想得起它們？「何處無月，何處無竹柏，但少閒人如吾兩人耳。」在人人忙於賺錢和花錢的今天，這樣的閒人更是到哪裡去尋？

那麼，難道不存在純粹肉體、物質的享受嗎？不錯，人有一個肉體，這個肉體也是很喜歡享受，為了享受也是很需要物質手段的。可是，仔細想想，我們便會發現，人的肉體需要是被它的生理構造所決定的極限，因而由這種需要的滿足而獲得的純粹肉體性質的快感是千古不變，無非是食色溫飽健康之類。殷紂王「以酒為池，懸肉為林」，但他自己只有一個普通的胃。秦始皇築阿房宮，「東西五百步，南北五十丈」，但他自己只有五尺之軀。多麼熱烈的美食家，他的朵頤之快也必須有間歇，否則會消化不良。多麼勤奮的登徒子，他的床笫之樂也必須有節制，否則會腎虛。每一種生理慾望都是會饜足的，並且嚴格地遵循著過猶不足的法則。山珍海味，揮金如土，更多的是擺闊氣；藏嬌納妾，美女如雲，更多的是圖虛榮。萬貫家財帶來的最大快樂並非直接的物質享受，而是守財奴清點財產時的那份欣喜，敗家子揮霍財產時的那份痛快。凡此種種，都已經超出生理滿足的範圍了，但稱它們為精神享受未免肉麻，它們最多只是一種心理滿足罷了。

我相信人必定是有靈魂的，而靈魂與感覺、思維、情緒、意志之類的心理現象必定屬於不同的層次。靈魂是人的精神「自我」的棲居地，所尋求的是真摯的愛和堅實的信仰，關注的是生命意義的實現。幸福只是靈魂的事，它是愛心的充實，是一種活得有意義的鮮明感受。肉體只會有快感，不會有幸福感。奢侈的生活方式給人帶來的最多是一種淺薄的優越感，也談不上幸福感。當一個享盡人間榮華富貴的幸運兒仍然為生活的空虛苦惱時，他聽到的正是他的靈魂的嘆息。

談錢

一、錢對窮人最重要

金錢是衡量生活質量的指標之一。一個起碼的道理是，在這個貨幣社會裡，沒有錢就無法生存，錢太少就要為生存操心。貧窮肯定是不幸，而金錢可以使人免於貧窮。

不要對我說錢不重要。試試看，讓你沒有錢，成為中國廣大貧困農民中的一員，你還會不會說這種話。對於他們來說，錢意味著活命，意味著過最基本的人的生活。因為沒有錢，多少人有病不能治，因此被奪走生命；因為沒有錢，多少孩子上不起學，早早輟學，考上大學也只好放棄，有的父母甚至被逼用自殺來逃避學費的難題；因為沒有錢，農村天天在上演著有聲或無聲的悲劇。

讓我們記住，對於窮人來說，錢是最重要的。讓我們記住，對於我們的社會來說，讓窮人至少有活命的錢是第一重要。

二、錢的重要性遞減

對於不是窮人的人，即基本生活已有保障的人，錢仍有其重要性。道理很簡單：有更多的錢，可以買更多的物資和更好的服務，改善衣食住行及醫療、教育、文化、旅遊等各方面的條件。但是，錢與生活質量之間的這種正比例關係有一定限度。超出這個限度，錢對於生活質量的作用就呈遞減的趨勢。原因就在於，一個人的身體構造，決定了他真正需要和能夠享用的物質生活終歸有限，多出來的部分只是奢華和擺設。

我認為，基本上可以用小康的概念來標示上面所說的限度。從貧困到小康是物質生活的飛躍，從小康再往上，金錢帶來的物質生活的滿足就會逐漸減弱，直至趨於零。單就個人物質生活來說，一個億萬富翁與一個千萬富翁之間不會有什麼重要的差別，錢超過了一定數量，便只成了抽象的數字。

至於在提供積極的享受方面，錢的作用就更有限。人生最美好的享受都依賴心靈能力，是錢所買不到的。錢能買到名畫，買不到欣賞；能買到色情服務，買不到愛情；能買到豪華旅遊，買不到旅程中的精神收穫。金錢最多只是我們獲得幸福的條件之一，但永遠不是充分條件，永遠不能直接成為幸福。

三、快樂與錢關係不大

以為錢越多就越快樂，實在是天大的誤會。錢太少，不能維持生存，這當然不行。排除了這種情況，我可以斷定，錢與快樂之間並無多少聯繫，更不存在正比例關係。

一對中國夫婦在法國生活，他們有別墅和花園，最近又搬進更大的別墅與花園。可是，他們告訴我，新居帶來的快樂，最強烈的一次是二十年前在國內時，住了多年集體宿舍，單位終於分給一套一居室，後來住房再大再氣派，也沒有這種快樂了。其實，許多人有類似的體驗。問那些窮苦過的大款，他們現在經常山珍海味，可有過去吃到一頓普通的紅燒肉快樂，回答必然是否定的。

快樂與花錢多少無關。有時候，花掉很多錢，結果並不快樂。有時候，花很少的錢，買到情人喜歡的一件小禮物，孩子喜歡的小玩具，自己喜歡的一本書，就可以很快樂。得到也是如此。我收到的第一筆稿費只有幾元，但當時快樂的心情遠超過現在收到幾千元的稿費。

伊比鳩魯早就說過：快樂較多依賴於心理，較少依賴於物質，更多的錢財不會使快樂超過有限錢財已經達到的水平。其實，物質所能帶來的快樂終究有限，只有精神的快樂才有可能是無限的。

金錢只能帶來有限的快樂，卻可能帶來無限的煩惱。一個看重錢的人，掙錢和花錢都是煩惱，他的心被錢占據，沒有給快樂留下多少餘地。天下真正快樂的人，不管他錢多錢少，都必是超脫金錢的人。

四、可怕的不是錢，是貪慾

人們常把金錢稱作萬惡之源，依我看，這是錯怪了金錢。錢本身在道德上是中性的，談不上善惡。問題不是出在錢上，而是出在對錢的態度上。可怕的不是錢，而是貪慾，即一種對錢貪得無厭的占有態度。當然，錢可能會刺激起貪慾，但也可能不會。無論在錢多錢少的人中，都有貪者，也都有不貪者。所以，關鍵是在人的素質。

貪與不貪的界限在哪裡？我這麼看：一個人如果以金錢本身或者它帶來的奢

侈生活為人生主要目的，他就是被貪慾控制的人；相反，在不貪之人那裡，金錢永遠只是手段，一開始是保證基本生活質量的手段，在這個要求滿足以後，則是實現更高人生理想的手段。當然，要做到這一點，前提是他確有更高的人生理想。

貪慾首先是痛苦之源。正如愛比克泰德所說：「導致痛苦的不是貧窮，而是貪慾。」苦樂取決於所求與所得的比例，與所得大小無關。以錢和奢侈為目的，錢多了終歸可以更多，生活奢侈了終歸可以更奢侈，爭逐和煩惱永無寧日。

其次，貪慾不折不扣是萬惡之源。在貪慾的驅使下，為官必貪，有權在手就拚命納賄斂財，為商必不仁，有利可圖就不惜草菅人命。貪慾可以使人目中無法紀，心中無良知。今日社會上腐敗滋生，不義橫行，皆源於貪慾膨脹，當然也迫使人們叩問導致貪慾膨脹的體制之弊病。

貪慾使人墮落，不但表現在攫取金錢時的不仁不義，而且表現在攫得金錢後的縱慾無度。對金錢貪得無厭的人，除了少數守財奴，多是為了享樂，而他們對享樂的唯一理解是放縱肉慾。基本肉慾容易滿足，太多的金錢就用在放縱上玩花樣、找刺激，必然的結果是生活糜爛、禽獸不如。有靈魂的人第一講道德，第二講品位，貪慾使人二者都不講，成為一個沒有靈魂的行屍走肉。

五、做錢的主人，不做錢的奴隸

有的人是金錢的主人，無論錢多錢少都擁有人的尊嚴。有的人是金錢的奴隸，一輩子為錢所役，甚至被錢所毀。

判斷一個人是金錢的奴隸還是金錢的主人，不能看他有沒有錢，而要看他對金錢的態度。正是當一個人很有錢的時候，我們能夠更清楚地看出這一點來。一個窮人必須為生存而操心，我們無權評判他對錢的態度。

做金錢的主人，關鍵是戒除對金錢的占有慾，抱持不占有的態度。也就是真正把錢看作身外之物，不管是已到手的還是將到手的，都與之拉開距離，隨時可以放棄。只有這樣，才能在金錢面前保持自由的心態，做一個自由人。凡是對錢抱占有態度的人，他同時也就被錢占有，成了錢的奴隸，如同古希臘哲學家彼翁在談到一個富有的守財奴時所說：「他並沒有得到財富，而是財富得到了他。」

如何才算是做金錢的主人，哲學家的例子可供參考。蘇格拉底說：「一無所需最像神。」第歐根尼說：「一無所需是神的特權，所需甚少是類神之人的特權。」這可以說是哲學家的共同信念。多數哲學家安貧樂道，不追求也不積聚錢財。有一些哲學家出身富貴，為了精神的自由而主動放棄財產，比如古代的阿那克薩哥拉和現代的維根斯坦。古羅馬哲學家塞內卡是另一種情況，身為宮廷重臣，他不但不拒絕，而且享盡榮華富貴。不過，在享受的同時，他內心十分清醒，用他的話來說便是：「我把命運女神賜予我的一切——金錢、官位、權勢——都擱置在一個地方，我同它們保持很寬的距離，使她可以隨時把它們取走，而不必從我身上強行剝走。」他說到做到，後來官場失意，權財盡失，乃至性命不保，始終泰然自若。

六、錢考驗人的素質

財富既可促進幸福，也可導致災禍，取決於人的精神素質。金錢是對人的精神素質的一個考驗。擁有的財富越多，考驗就越嚴峻。大財富要求大智慧，素質差者往往被大財富所毀。

看一個人素質的優劣，我們可以看他：獲取財富的手段是否正當，能否對不義之財不動心；對已得之財能否保持超脫的心情，看作身外之物；富裕之後是否仍樂於過相對簡樸的生活。

後面這一點很重要。奢華不但不能提高生活質量，往往還會降低生活質量，使人耽於物質享受，遠離精神生活。只有在那些精神素質極好的人身上，才不會發生這種情況，而這又只因為他們其實並不在乎物質享受，始終把精神生活看得更珍貴。一個人在巨富之後仍樂於過簡樸生活，正證明了靈魂的高貴，能夠從精神生活中獲得更大的快樂。

七、錢尤其考驗企業家的素質

財富是我們時代最響亮的一個詞，上至政治領袖，下至平民百姓，包括知識分子，都在理直氣壯地說這個詞。過去不是這樣，傳統的宗教、哲學和道德都是譴責財富的，一般俗人即使喜歡財富，也羞於聲張。公開謳歌財富，是資本主義造就的新觀念。我承認這是財富觀的一種進步。

不過，我們應該仔細分辨，新的財富觀究竟新在哪？按照韋伯的解釋，資本主義精神的特點就在於，一方面把獲取財富作為人生的重要成就予以鼓勵，另一方面又要求節制物質享受的慾望。這裡的關鍵是把財富的獲取和使用加以分離，獲取不再是為了自己使用，在獲取時要敬業，在使用時則要節制。很顯然，新就新在肯定了財富的獲取，只要手段正當，發財是光榮的。在財富的使用上，則繼承了歷史上宗教、哲學、道德崇尚節儉的傳統，不管多麼富裕，奢侈和揮霍仍是可恥的。

那麼，怎樣使用財富才是光榮的呢？既然不應該用於自己，甚至是子孫的消費，當然就只能回饋社會，民間公益事業因此而發達。事實上，在西方，尤其美國的富豪中，前半生聚財、後半生散財已成慣例。在獲取財富時，一個個都是精明的資本家，在使用財富時，一個個彷彿又都成了宗教家、哲學家和道德家。當老卡耐基說出「擁巨資而死者以恥辱終」這句箴言時，你不能不承認他的確有一種哲人風範。

就亞洲目前的狀況而言，發展民間公益事業的條件也許還不很成熟。但是，有一個問題是成功的企業家所共同面臨的：錢多了以後怎麼辦？是仍以賺錢乃至奢侈的生活為唯一目標，還是使企業的長遠目標、管理方式、投資方向等更多地體現崇高的精神追求和社會使命感，由此最能見出一個企業家素質的優劣。如果說能否賺錢主要靠頭腦的聰明，那麼，如何花錢主要靠靈魂的高貴。也許企業家沒有不愛錢的，但是，一個好的企業家肯定還有遠勝於錢的所愛，那就是有意義的人生和有理想的事業。

不占有

我們總是以為，已經到手的東西便屬於自己，一旦失去，就覺得蒙受損失。其實，一切皆變，沒有一樣東西能真正占有。得到了一切的人，死時又交出一切。不如在一生中不斷地得而復失，習以為常，也許能更為從容地面對死亡。

另一方面，對於一顆有接受力的心靈來說，沒有一樣東西會真正失去。

我失去的東西，不能再得到了。我還能得到一些東西，但遲早還會失去。我最後注定要無可挽救地失去自己。既然如此，我為什麼還要看重得與失呢？到手的一切，連同我的生命，我都可以拿它們來做試驗，至多不過是早一點失去罷了。

一切外在的欠缺或損失，包括名譽、地位、財產等等，只要不影響基本生存，實質上都不應該帶來痛苦。如果痛苦，只是因為你在乎，越在乎就越痛苦。只要不在乎，就無法傷你一根毫毛。

守財奴的快樂並非來自財產的使用價值，而是來自所有權。所有權帶來的心理滿足遠遠超過所有物本身提供的生理滿足。一件一心盼望獲得的東西，未必要真到手，哪怕它被放到月球上，只要宣布它屬於我了，就會產生一種愚蠢的歡樂。

耶穌說：「富人要進入天國，比駱駝穿過針眼還要困難。」對耶穌所說的富人，不妨作廣義的解釋，凡是把自己所占有的世俗的價值，包括權力、財產、名聲等等，看得比精神的價值更寶貴，不肯捨棄的人，都可以包括在內。如果心地不明，我們在塵世所獲得的一切就都會成為負擔，把我們變成負重的駱駝，而把通往天國的路堵塞成針眼。

東西方宗教都有布施一說。照我的理解，布施的本義是教人去除貪鄙之心，由不執著於財物，進而不執著於一切身外之物，乃至於這塵世的生命。如此才可明白，佛教何以把布施列為「六度」之首，即從迷惑的此岸渡向覺悟的彼岸的第一座橋樑。佛教主張「無我」，既然「我」不存在，也就不存在「我的」這回事了。無物屬於自己，連自己也不屬於自己，何況財物。明乎此理，人還會有什麼得失之患呢？

王爾德說：「人生只有兩種悲劇，一是沒有得到想要的東西，另一是得到了想要的東西。」我曾經深以為然，並且佩服他把人生的可悲境遇表述得如此輕鬆。但仔細玩味，發現這話的立足點仍是占有，所以才會有占有慾未得滿足的痛苦和已得滿足的無聊這雙重悲劇。如果把立足點移到創造上，以審美的眼光看人生，我們豈不可以反其意而說：人生有兩種快樂，一是沒有得到想要的東西，於是你可以去尋求和創造；另一是得到了想要的東西，於是你可以去品味和體驗？

大損失在人生中的教化作用：使人對小損失不再計較。

有一個人因為愛泉水的歌聲，就把泉水灌進瓦罐，藏在櫃子裡。我們常常和這個人一樣傻。我們把女人關在屋子裡，便以為占有了她的美。我們把事物據為己有，便以為占有了它的意義。可是，意義是不可占有的，一旦你試圖占有，它就不在了。無論我們和一個女人多麼親近，她的美始終在我們之外。不是在占有中，而是在男人的欣賞和傾倒中，女人的美便有了意義。我想起了海涅，他終生沒有娶到一個美女，但他把許多女人的美變成了他的詩，因而也變成了他和人類的財富。

習慣於失去

出門時發現，擱在樓梯間的那輛新自行車不翼而飛了。兩年之中，這已是第三輛。我一面為世風搖頭，一面又感到內心比前兩次失竊時要平靜得多。

莫非是習慣了？

也許是。近年來，我的生活中接連遭到慘重的失去，相比之下，丟幾輛自行車真是不足掛齒。生活的劫難似乎使我悟出了一個道理：人生在世，必須習慣於失去。

一般來說，人的天性是習慣得到，而不習慣失去。呱呱墜地，我們首先得到了生命。自此以後，我們不斷地得到：從父母得到衣食、玩具、愛和撫育，從社會得到職業的訓練和文化的培養。長大成人以後，我們靠著自然的傾向和自己的努力繼續得到：得到愛情、配偶和孩子，得到金錢、財產、名譽、地位，得到事業的成功和社會的承認。

當然，有得必有失，我們在得到的過程中也確實不同程度地經歷了失去。但是，我們比較容易把得到當做是應該、正常的，把失去看作是不應該、不正常的。所以，每有失去，仍不免感到委屈。所失越多越大，就越委屈。我們暗暗下定決心要重新獲得，以補償所失。在我們心中的藍圖上，人生之路彷彿是由一系列的獲得勾勒出來，而失去則是必須塗抹掉的筆誤。總之，不管失去是一種多麼頻繁的現象，我們對它反正不習慣。

道理本來很簡單：失去當然也是人生的正常現象。整個人生是一個不斷得而復失的過程，就其最終結果看，失去反比得到更為本質。我們遲早要失去人生最寶貴的贈禮——生命，隨之也就失去了在人生過程中得到的一切。有些失去看似偶然，例如天災人禍造成的意外損失，但也是無所不包的人生的題中應有之義。「人有旦夕禍福」，既然生而為人，就得有承受旦夕禍福的精神準備和勇氣。至於在社會上的挫折和失利，更是人生在世的尋常遭際。由此可見，不習慣於失去，至少表明對人生尚欠覺悟。一個只求得到不肯失去的人，表面上似乎富於進取心，實際上是很脆弱的，很容易在遭受重大失去之後一蹶不振。

為了習慣於失去，有時不妨主動地失去。東西方宗教都有布施一說。照我的理解，布施的本義是教人去除貪鄙之心，由不執著於財物，進而不執著於一切身外之物，乃至於這塵世的生命。如此才可明白，佛教何以把布施列為「六度」之首，即從迷惑的此岸渡向覺悟的彼岸的第一座橋樑。俗眾借布施積善圖報，寺廟靠布施斂財致富，實在是小和尚念歪了老祖宗的經。我始終把佛教看作古今中外最透徹的人生哲學，對它後來不倫不類的演變深不以為然。佛教主張「無我」，既然「我」不存在，也就不存在「我的」這回事了。無物屬於自己，連自己也不屬於自己，何況財物。明乎此理，人還會有什麼得失之患呢？

當然，佛教畢竟是一種太悲觀的哲學，不宜提倡。只是對於入世太深的人，它倒是一味必要的清醒劑。我們在社會上盡可以積極進取，但是，內心深處一定要為自己保留一份超脫。有了這一份超脫，我們就能更加從容地品嘗人生的各種滋味，其中也包括失去的滋味。

由丟車引發這麼多議論，可見還不是太不在乎。如果有人嘲笑我阿Q精神，我樂意承認。試想，對於人生中種種不可避免的失去，小至破財，大至死亡，沒有一點阿Q精神行嗎？由社會的眼光看，盜竊是一種不義，我們理應與之作力所能及的鬥爭，而不該擺出一副哲人的姿態容忍姑息。可是，倘若社會上有更多的人了悟人生根本道理，世風是否會好一些呢？那麼，這也許正是我對不義所作的一種能力所及的鬥爭罷了。

白兔和月亮

在眾多的兔姐妹中，有一隻白兔獨具審美的慧心。她愛大自然的美，尤其愛皎潔的月色。每天夜晚，她來到林中草地，一邊無憂無慮地嬉戲，一邊心曠神怡地賞月。她不愧是賞月的行家，在她的眼裡，月的陰晴圓缺無不各具風韻。

於是，諸神之王召見這只白兔，向她宣布了一個慷慨的決定：

「萬物均有所歸屬。從今以後，月亮歸屬於你，因為你的賞月之才舉世無雙。」

白兔仍然夜夜到林中草地賞月。可是，說也奇怪，從前的閒適心情一掃而空了，腦中只綳著一個念頭：「這是我的月亮！」她牢牢盯著月亮，就像財主盯著自己的金窖。烏雲蔽月，她便緊張不安，唯恐寶藏丟失。滿月缺損，她便心痛如割，彷彿遭了搶劫。在她的眼裡，月的陰晴圓缺不再各具風韻，反倒險象迭生，勾起了無窮的得失之患。

和人類不同的是，我們的主人公畢竟慧心未滅，她終於去拜見諸神之王，請求他撤銷了那個慷慨的決定。

簡單生活

在五光十色的現代世界中，讓我們記住一個古老的真理：活得簡單才能活得自由。

自古以來，一切賢哲都主張過一種簡樸的生活，以便不為物役，保持精神的自由。

事實上，一個人為維持生存和健康所需要的物品並不多，超乎此的屬於奢侈品。它們固然提供享受，但更強求服務，反而成了一種奴役。

現代人是活得越來越複雜了，結果得到許多享受，卻並不幸福，擁有許多方便，卻並不自由。

一個專注於精神生活的人，物質上的需求必定十分簡單。因為他有更重要的事情要做，沒有工夫關心物質方面的區區小事；他沉醉於精神王國的偉大享受，物質享受不再成為誘惑。

在一個人的生活中，精神需求相對於物質需求所占比例越大，他就離神越近。

智者的特點是，一方面，很少的物質就能使他滿足，另一方面，再多的物質也不能使他滿足。原因在於，他的心思不在這裡，真正能使他滿足的是精神事物。

在生存需要能夠基本滿足之後，是物質慾望仍占上風，繼續膨脹，還是精神慾望開始上升，漸成主導，一個人的素質由此可以判定。

人活世上，有時難免要有求於人和違心做事。但是，我相信，一個人只要肯約束自己的貪慾，滿足於過比較簡單的生活，就可以把這些減少到最低限度。遠離這些麻煩的交際和成功，實在算不得什麼損失，反而受益無窮。我們因此獲得了好心情和好光陰，可以把它們奉獻給自己真正喜歡的人、真正感興趣的事，而首先是奉獻給自己。對於一個滿足於過簡單生活的人，生命的疆域是更加寬闊的。

人生應該力求兩個簡單：物質生活的簡單，人際關係的簡單。有了這兩個簡單，心靈就擁有了廣闊的空間和美好的寧靜。

現代人卻在兩個方面都複雜，物質生活上是財富的無窮追逐，人際關係上是利益的不盡糾葛，兩者幾乎占滿了生活的全部空間，而人世間的大部分煩惱也是源自這兩種複雜。

精神棲身於茅屋

如果你愛讀人物傳記，你就會發現，許多優秀人物生前都非常貧困。就談談那位最著名的印象派畫家梵谷吧！現在他的一幅畫已經賣到了幾千萬美元，可是，他活著時，一張畫連一餐飯錢也換不回，經常挨餓，一生窮困潦倒，終致精神失常，在三十七歲時開槍自殺了。要論家境，他的家族是當時歐洲最大的畫商，幾乎控制著全歐洲的美術市場。作為一名畫家，他有得天獨厚的便利條件，可以像那些平庸畫家那樣迎合時尚以謀利，成為一個富翁，但他不屑於這麼做。他說，他可不能把他唯一的生命，耗費在給非常愚蠢的人畫非常蹩腳的畫，做藝術家並不意味著賣好價錢，而是要去發現一個未被發現的新世界。確實，梵谷用他的作品為我們發現了一個全新的世界，一個萬物在陽光中按照同一節奏舞蹈的世界。另一位荷蘭人史賓諾沙是名垂史冊的大哲學家，他為了保持思想的自由，寧可靠磨鏡片的收入維持最簡單的生活，謝絕了海德堡大學以不觸犯宗教為前提要他去當教授的聘請。

我並不是提倡苦行僧哲學。問題在於，如果一個人太看重物質享受，就必然要付出精神上的代價。人的肉體需要是很有限的，無非是溫飽，超於此的便是奢侈，而人要奢侈起來卻是沒有盡頭的。溫飽是自然的需要，奢侈的慾望則是不斷膨脹的市場刺激起來的。你本來習慣於騎自行車，不覺得有什麼欠缺，可是，當你看到周圍不少人開汽車，你就會覺得你缺汽車，有必要也買一輛。富了可以更富，事實上也必定有人比你富，於是你永遠不會滿足，不得不去掙越來越多的錢。這樣，賺錢便成了你的唯一目的。即使你是畫家，你哪裡還顧得上真正的藝術追求？即使你是學者，你哪裡還會在乎科學的良心？

所以，自古以來，一切賢哲都主張一種簡樸的生活方式，目的就是為了不當物質慾望的奴隸，保持精神上的自由。古羅馬哲學家塞內卡說得好：「自由人以茅屋為居室，奴隸才在大理石和黃金下棲身。」柏拉圖也說：胸中有黃金的人不需要住在黃金屋頂下。或者用孔子的話說：「君子居之，何陋之有？」我非常喜歡關於蘇格拉底的一個傳說，這位被尊稱為「師中之師」的哲人在雅典市場上閒逛，看了那些琳瑯滿目的貨攤後驚嘆：「這裡有多少我用不著的東西啊！」的確，一個熱愛精神事物的人必定是淡然於物質的奢華的，而一個人如果安於簡樸的生活，他即使不是哲學家，也相去不遠了。

第五輯　成功與幸福

成功是優秀的副產品

在確定自己的人生目標時，首要目標應該是優秀，其次才是成功。所謂優秀，是指一個人的內在品質，即有高尚的人格和真實的才學。一個優秀的人，即使他在名利場上不成功，他仍能有充實的心靈生活，他的人生仍充滿意義。相反，一個平庸的人，即使他在名利場上風光十足，他也只是在混日子，至多是混得好一些罷了。

事實上，一個人倘若真正優秀，而時代又不是非常糟，他獲得成功的機會還是相當大的。即使生不逢時，或者運氣不佳，也多能在身後得到承認。

優秀者的成功往往是大成功，遠非那些追名逐利之輩的渺小成功可比。人類歷史上一切偉大的成功者都出自精神上優秀的人之中，不管在哪一個領域，包括創造財富的領域，做成大事業的決非只有一些小伎倆的精明之人，而必定是對世界和人生有廣闊思考與深刻領悟、擁有大智慧的人。

一個人能否成為優秀的人，基本上可以自己做主，能否在社會上獲得成功，則在相當程度上要靠運氣。所以，應該把成功看作優秀的副產品，不妨在優秀的基礎上爭取它，得到了最好，得不到也沒有什麼。在根本的意義上，作為一個人，優秀就已經是成功。

人生在世，首先應當追求的是優秀，而非成功。成為一個優秀的人，在此前提下，不妨把成功當作副產品來爭取。

所謂優秀，是在人性的意義上說的，就是要把人之所以為人的稟賦發展得盡可能的好，把人性的品質在自己身上實現出來。按照我的理解，可以把這些品質概括為四項，即善良的生命、豐富的心靈、自由的頭腦、高貴的靈魂。

真正的成功是做人的成功，即做一個有靈魂的人，一個精神上優秀的人。這樣的人即使在世俗的意義上不成功，他的人生仍是充滿意義的。不過，事實上，人類歷史上一切偉大的成功者，都恰恰出於這樣的人之中。

把優秀當作第一目標，而把成功當作優秀的副產品，這是最恰當的態度，有助於一個人獲取成功，或者坦然面對失敗。

也許，在任何時代，從事精神創造的人都面臨著這個選擇：是追求精神創造本身的成功，還是追求社會功利方面的成功？前者的判官是良知和歷史，後者的判官是時尚和權力。在某些幸運的場合，兩者會出現一定程度的一致，時尚和權力會向已獲得顯著成就的精神創造者頒發證書。但是，在多數場合，兩者往往偏離甚至背道而馳，因為它們畢竟是性質不同的兩件事，需要花費不同的工夫。即使真實的業績受到足夠的重視，決定升遷的還有觀點異同、人緣、自我推銷的幹勁和技巧等其他因素，然而總有人不願意在這些方面浪費寶貴的生命。

現在書店裡充斥著所謂勵「志」實則勵「欲」的垃圾書，其內容無非一是教人如何在名利場上拚搏，發財致富，出人頭地，二是教人如何精明地處理人際關係，討上司或老闆歡心，在社會上吃得開。偏是這類書似乎十分暢銷，每次在書店看到它們堆放在最醒目的位置上，我就為這個時代感到悲哀。

勵志沒有什麼不好，問題是勵什麼樣的志。完全沒有精神目標，一味追逐世俗的功利，這算什麼「志」，恰恰是胸無大志。

看到書店出售教授交際術、成功術之類的暢銷書，我總感到滑稽。一個人對某個人有好感，和他或她交了朋友，或者對某件事感興趣，想方設法把它做成功，這本來都是自然而然的。不熟記要點就交不了朋友，不乞靈祕訣就做不成事業，可見多麼缺乏真情感真興趣。但是，沒有真情感，怎麼會有真朋友呢？沒有真興趣，怎麼會有真事業呢？既然如此，又何必孜孜於交際和成功？這樣做當然有明顯的功利動機，但那還算是比較表面的，更深的原因是精神上的空虛，於是急於找尋捷徑，躲到人群和事物中。我不知道其效果如何，只知道如果這樣的交際家走近我身旁，我一定會更感寂寞，如果這樣的成功者站在我面前，我一定會更覺得無聊。

對於真正有才華的人來說，機會是會以各種面目出現。

靈性＋耐性＝成功。

但兩者難以兼備，有靈性者往往缺乏耐性，有耐性者往往缺乏靈性，故成功者甚少。

比成功更重要的

在我看來，所謂成功就是把自己真正喜歡做的事情做好，其前提是要有自己真正喜歡做的事情。所以，比成功更重要的是，一個人必須有自己的真興趣，知道自己究竟想要什麼。

成功是一個社會概念，一個直接面對上帝和自己的人是不會太看重它的。

最基本的劃分不是成功與失敗，而是以偉大的成功和偉大的失敗為一方，以渺小的成功和渺小的失敗為另一方。

在上帝眼裡，偉大的失敗也是成功，渺小的成功也是失敗。

有一些渺小的人獲得了虛假的成功，他們的成功很快就被歷史遺忘。有一些偉大的人獲得了真實的成功，他們的成功則被歷史永遠記住。但是我知道，還有許多優秀的人，他們完全淡然於成功，最後也確實與成功無緣。對於這些人，歷史既沒有記住他們，也沒有遺忘他們，他們是超脫於歷史之外。

我們都很在乎成功和失敗，但對它們的理解卻很不一樣，有必要做出區分。譬如說，通常有兩種不同的含義。其一是指外在的社會遭際，以飛黃騰達為成，以窮困潦倒為敗。其二是指事業上的追求，目標達到為成，否則為敗。可以肯定，抽象地談問題，人們一定會擁護第二義而反對第一義。但是，事業有大小，目標有高低，所謂事業成敗的意義也就十分有限。我不知道如何衡量人生的成敗，也許人生是超越所謂成功和失敗的評價的。

有一種人追求成功，只是為了能居高臨下地蔑視成功。

對於我來說，人生即事業，除了人生，我別無事業。我的事業就是要窮盡人生的一切可能性。這是一個肯定無望但極有誘惑力的事業。

我的野心是要證明一個沒有野心的人也能得到所謂成功。

不過，我必須立即承認，這只是我即興想到的一句俏皮話，其實我連這樣的野心也沒有。

我的「成功（被社會承認，所謂名聲）」給我帶來的最大便利，是可以相對超脫於我所隸屬的小環境及其凡人瑣事，無須再為許多合理的然而瑣屑的權利去進行渺小的鬥爭。那些東西，人們因為你的「成功」而願意或不願意地給你了，不給卻也無所謂。

我相信一切深刻的靈魂都蘊藏著悲觀。如果一種悲觀可以輕易被外在的成功打消，我敢斷定那不是悲觀，而只是膚淺的煩惱。

最淒涼的不是失敗者的哀鳴，而是成功者的悲嘆。在失敗者心目中，人間尚有值得追求的東西：成功。但獲得成功仍然悲觀的人，他的一切幻想都破滅了，他已經無可追求。失敗者僅僅悲嘆自己的身世；成功者若是悲嘆，必是悲嘆整個人生。

成功的真諦

在通常意義上，成功指一個人憑自己的能力做出了一番成就，並且這成就獲得社會的承認。成功的標誌，說穿了，無非是名聲、地位和金錢。這個意義上的成功當然也是好東西。世上有人淡泊於名利，但沒有人會願意自己徹底窮困潦倒，成為實際生活中的失敗者。歌德曾說：「勛章和頭銜能使人在傾軋中免遭挨打。」根據我的體會，一個人即使相當超脫，某種程度的成功也仍然是好事，對於超脫不但無害反而有所助益。當你在廣泛的範圍裡得到了社會的承認，你就更不必在乎在你所隸屬小環境中的遭遇。眾所周知，小環境裡往往充滿短兵相接的瑣碎的利益之爭，而你因為你的成功便彷彿站在了天地比較開闊的高處，可以俯視，從而以此方式擺脫這類渺小的鬥爭。

但是，這樣的俯視畢竟還是站得比較低的，只不過是恃大利而棄小利罷了，仍未脫利益的計算。真正站得高的人應該能夠站到世間一切成功的上方俯視成功本身。一個人能否做出被社會承認的成就，並不完全取決於才能，起作用的還有環境和機遇等外部因素，有時候這些外部因素甚至起決定性作用。單憑這一點，就有理由不以成敗論英雄。

我曾經在邊遠省份的一個小縣生活了將近十年，如果不是大環境發生變化，也許我會在那裡「埋沒」終生。我嘗試自問，倘真如此，我便比現在的我還差嗎？我不相信。當然，我肯定不會有現在的所謂成就和名聲，但只要我精神上足夠富有，我就一定會以另一種方式收穫自己的果實。成功是一個社會概念，一個直接面對上帝和自己的人不會太看重它。

成功不是衡量人生價值的最高標準，比成功更重要的是，一個人要擁有內在的豐富，有自己的真性情和真興趣，有自己真正喜歡做的事。只要你有自己真正喜歡做的事，你就在任何情況下都會感到充實和踏實。那些僅僅追求外在成功的人，實際上沒有真正喜歡自己做的事，他們真正喜歡的只是名利，一旦在名利場上受挫，內在的空虛就暴露無遺。

照我的理解，把自己真正喜歡做的事做好，儘量做得完美，讓自己滿意，這才是成功的真諦，如此感到的喜悅才是不摻雜功利考慮的純粹的成功之喜悅。當一個母親生育了一個可愛的小生命，一個詩人寫出了一首美妙的詩，所感覺到的就是這種純粹的喜悅。當然，這個意義上的成功已經超越於社會的評價，而人生最珍貴的價值和最美好的享受恰恰就寓於這樣的成功之中。

職業和事業

在人生中，職業和事業都是重要的。大抵而論，職業關係到生存，事業關係到生存的意義。在現實生活中，兩者的關係十分複雜，從重合到分離、背離乃至於根本衝突，種種情形都可能存在。人們常常視職業與事業的一致為幸運，但有時候，兩者的分離也會是一種自覺的選擇，例如史賓諾沙為了保證以哲學為事業，而寧願以磨鏡片為職業。因此，事情最後也許可以歸結為一個人有沒有真正意義上的事業，如果沒有，所謂事業與職業的關係問題也就不存在，如果有，這個關係問題也就有了答案。

怎樣確定一個職業是否適合自己？我認為應該符合三個條件：第一，有強烈的興趣，甚至到了不給錢也一定要做的程度；第二，有明晰的意義感，確信自己的生命價值借此得到了實現；第三，能夠靠它養活自己。

你做一項工作，只是為了謀生，對它並不喜歡，這項工作就只是你的職業；你做一項工作，只因為喜歡，並不在乎它能否帶來利益，這項工作就是你的事業。最理想的情形是，事業和職業一致，做喜歡的事並能以之謀生。其次好的是，二者分離，業餘做喜歡的事。最糟糕的是，根本沒有自己真正喜歡做的事。

我相信，從理論上說，每一個人的稟賦和能力的基本性質早已確定，因此，在這個世界上必定有一種最適合他的事業，一個最適合他的領域。當然，在實踐中，他能否找到這個領域，從事這種事業，不免會受客觀情勢的制約。但是，自己應該有一種自覺，儘量縮短尋找的過程。在人生的一定階段上，一個人必須知道自己是怎樣的人，到底想要什麼。

人的能力有兩個層次。第一個層次是智力的一般品質，即是否養成了智力活動的興趣和習慣，是否愛動腦子和善動腦子。第二個層次是個體的特殊稟賦，由基因或者說先天的生理心理特性所決定，因之而具備在某個特定領域發展的潛在優勢。前者好，後者才會顯示出來，這是鐵的規律。一個智力遲鈍的人永遠不可能發現自己有什麼特殊稟賦。首先讓自己的一般智力品質發育得好，在此基礎上找到最適合自己特殊稟賦的領域，使自己最好的能力得到最好的運用和發展，我稱之為事業。

從人性看，僅僅作為謀生手段的工作是不快樂的，但是，作為人的心智能力和生命價值的實現的工作，則本應該是人生快樂的最重要源泉。

現在許多年輕人對職業不滿意，然而，可悲的是，真給了他們選擇的自由，他們只有一個標準，除了掙錢多一些，謀生得好一些之外，不知道自己要什麼。

事業是精神性追求與社會性勞動的統一，精神性追求是其內涵和靈魂，社會性勞動是其形式和軀殼，二者不可缺一。

所以，一個僅僅為了名利而從政、經商、寫書的人，無論他在社會上獲得了怎樣的成功，都不能說他有事業。

所以，一個不把自己的理想、思考、感悟體現為某種社會價值的人，無論他內心多麼真誠，也不能說他有事業。

一個不知對自己的人生負有什麼責任的人，他甚至無法弄清他在世界上的責任是什麼。許多人對責任的關係是完全被動的，他們之所以把一些做法視為自己的責任，不是出於自覺的選擇，而是由於習慣、時尚、輿論等原因。譬如說，有的人把偶然卻又長期從事的某一職業當作自己的責任，從不嘗試去擁有真正適合自己本性的事業。有的人看見別人發財和揮霍，便覺得自己也有責任拚命掙錢花錢。有的人十分看重別人，尤其是上司對自己的評價，謹小慎微地為這種評價而活著。由於他們不曾認真思考過自己的人生使命究竟是什麼，在責任問題上也必然是盲目的了。

愛情與事業，人生的兩大追求，其實為一，均是自我確認的方式。愛情是透過某一異性的承認來確認自身價值，事業是透過社會承認來確認自身的價值。

在人類一切事業中，情感都是原動力，而理智則有時是煞車系統，有時是執行者。或者說，情感提供原材料，理智則做出取捨，進行加工。世上決不存在單憑理智就能夠成就的事業。

所以，無論哪一領域的天才，都必是具有某種強烈情感的人。區別只在於，由於理智加工程度和方式的不同，對那作為原材料的情感，我們從其產品上容不容易認出罷了。

人類歷史上的一切優秀者，不管是哪一領域的，必是對世界和人生有自己廣闊的思考和獨特的理解的人。一個人只有小聰明而沒有大智慧，卻做成大事業，這樣的例子古今中外都不曾有過。

對於我來說，人生即事業，除了人生，我別無事業。我的事業就是要窮盡人生的一切可能性。這是一個肯定無望但極有誘惑力的事業。

賺不到錢也做，才是真正做事業，包括——經商！

做自己喜歡做的事

一個人活在世上，必須有自己真正愛好的事情，才會活得有意思。這愛好完全是出自於真性情，而不是為了某種外在的利益，例如金錢、名聲之類。喜歡做這件事情，只是因為覺得事情本身非常美好，被事情的美好所吸引。這就好像一個園丁，他僅僅因為喜歡而開闢了一塊自己的園地，在其中培育了許多美麗的花木，為它們傾注了自己的心血。當他在自己的園地上耕作時，他心裡非常踏實。無論他走到哪裡，他也都會牽掛著那些花木，如同母親牽掛著自己的孩子一樣。這樣的人，他一定會活得很充實。相反的，一個人如果沒有自己的園地，不管他當多大的官，做多大的買賣，他本質上始終是空虛的。這樣的人一旦丟了官，破了產，他的空虛就表露無遺，惶惶然不可終日，發現自己在世界上無事可做，也沒有人需要他，成了一個多餘的人。

世界無限廣闊，誘惑永無止境，然而，屬於每一個人的現實可能性終究有限。你不妨對一切可能性保持開放的心態，因為那是人生魅力的泉源，但同時你也要早一些在世界之海拋下自己的錨，找到最適合自己的領域。一個人不論偉大還是平凡，只要他順應自己的天性，找到了自己真正喜歡做的事，並且一心把自己喜歡做的事做得盡善盡美，在這世界上就有牢不可破的家園。不但會有足夠的勇氣承受外界的壓力，而且會有足夠的清醒來面對形形色色的機會與誘惑。

每個人生活中最重要的部分是自己所熱愛的那項工作，藉此而進入世界，在世上立足。有了這項能夠全身心投入的工作，生活就有了核心，全部生活圍繞這個核心組織成了一個整體。沒有這個核心的人，他的生活是碎片。譬如說，會分裂成兩個令人不快的部分，一部分是折磨人的勞作，另一部分是無所用心的休閒。

衡量一件事情是不是你的事業，有兩個標準。一是真興趣，如果你是真正喜歡它，做事情的過程本身就是最大的愉悅，因而不再在乎外在的報酬和結果。這說明這件事情是真正適合你，你最好的能力在其中得到運用及發展。另一是意義感，透過做這件事情，你感到你的生命意義、人生價值得到了實現。

現今很多人的問題就在這裡，他們沒有做的事，於是只好把外在的東西作為標準，什麼事情可以掙錢、顯得風光，社會上大家在爭什麼，他也往那裡擠。在沒頭腦的激烈競爭中，輸了當然不痛快，但什麼叫贏了？總是比上不足，所以心態總是不平衡。

我對成功的理解：把自己喜歡做的事做得盡善盡美，讓自己滿意，不要去管別人怎麼說。

真實、不可遏制的興趣是天賦的可靠標誌。

最好的職業是有業無職，就是有事業，而無職務、職位、職稱、職責之束縛，能夠自由地支配自己的時間，做自己喜歡做的事。例如藝術家、作家、學者，當然，前提是他們真正熱愛藝術、文學和學術。否則，職位、職務、職稱俱全而唯獨無事業的所謂學者、作家、藝術家，今天多的是。

人的身體受心靈支配，心態好是最好的養生。怎麼做到心態好？我的體會是，一定要有自己喜歡做的事，快樂的工作是養生的良藥。

我們活在世上，必須知道自己究竟想要什麼。一個人認清了在這世界上要做的事情，並且在認真地做著這些事情，他就會獲得一種內在的平靜和充實。

在商場裡，有的人總是朝人多的地方擠，去搶購大家都在買的東西，結果買了許多自己不需要的東西，還為沒有買到另外許多自己不需要的東西而痛苦。那些不知道自己究竟想要什麼的人，就生活在同樣可悲的境況中。

快樂工作的能力

在這個世界上生活，快樂是人人都想要的東西。不過，在多數情況下，快樂與工作好像沒有什麼關係。相反，人們似乎只有在工作之外才能找到快樂，下班之後、周休二日、節日才是一天、一週、一年中的快樂時光。當然，快樂是需要錢的，為此就必須工作，工作的價值似乎只是為工作之外的快樂埋單。

工作本身不快樂，快樂只在工作之外，這種情況相當普遍，但並不合理，因為不合人性。

什麼是快樂？快樂是人性或者說人的需要得到滿足的一種狀態。人性有三個層次。一是生物性，即食色溫飽之類生理需要，滿足則感到肉體的快樂。二是社會性，比如交往、被關愛、受尊敬的需要，滿足則感到情感的快樂。三是精神性，包括頭腦和靈魂，頭腦有進行智力活動的需要，靈魂有追求和體悟生活意義的需要，二者的滿足使人感到的是精神的快樂。

精神性是人的最高屬性，正是作為精神性的存在，人與動物有了本質的區別。同樣，精神的快樂是人所能獲得的最高快樂，遠比肉體的快樂更持久也更美好。對於那些稟賦優秀的人來說，這一點是不言而喻的。如果讓他們像一個沒有頭腦和靈魂的東西活著，他們寧可不活。獲得精神快樂的途徑有兩類：一類是接受的，例如閱讀、欣賞藝術品；另一類是給予的，例如工作。正是在工作中，人的心智能力和生命價值都得到了積極實現，人感受到了生命的最高意義。如同紀伯倫所說：工作是看得見的愛，通過工作來愛生命，你就領悟了生命最深刻的祕密。

當然，這裡所說的工作不同於僅僅作為職業的工作，人們通常把它稱作創造或自我實現。但是，就人性而言，這個意義上的工作原是屬於所有人。人人都有天賦的心智能力，區別在於是否得到了充分運用和發展。現在我們明白快樂工作與不快樂工作的界限：僅僅作為謀生手段的工作是不快樂的，作為人的心智能力和生命價值的實現的工作是快樂的。用馬克思的話說，前者是一個必然王國，後者是一個自由王國。

毫無疑問，在現實生活中，我們都必須為謀生而工作。最理想的情況是謀生與自我實現達成一致，做自己真正喜歡做的事情，同時又能藉此養活自己。能否做到這一點，在一定程度上要靠運氣。不過，我相信，在開放社會中，一個人只要有真正的志趣，終究有許多機會接近這個目標。就個人而言，最重要的還是要有自己真正的志趣，機會只可能為這樣的人開放。也就是說，一個人首先必須具備快樂工作的願望和能力，然後才談得上快樂工作。

正是在這方面，今日年輕人的情況令人擔憂。中華英才網發起的「中國大學生最佳僱主調查」表明，在大學生對僱主的評價中，擺在首位的是全面薪酬和品牌實力兩個因素。擇業時考慮薪酬不奇怪，我的擔心是，許多人也許只有這一類外在標準，沒有任何內心要求，對工作的唯一訴求是掙錢，掙得錢越多就是越好的工作，對於作為自我實現的工作毫無概念，那十分可悲。

事實上，工作的快樂與學習的快樂是一脈相承、性質相同，基本的因素都是好奇心的滿足、發現和創造的喜悅、智力的運用和得勝、心靈能力的生長等。一個學生倘若在學校的學習中從未體會過這些快樂，在走出學校之後，他怎麼可能向工作要求這些快樂呢？學校教育的使命是讓學生學會快樂地學習，為將來快樂地工作打好基礎。能夠快樂地學習和工作，這是精神上優秀的徵兆。說到底，幸福是一種能力，它屬於那些有著智慧的頭腦和豐富的靈魂的優秀的人。首先要成為一個優秀的人，而只把成功看作優秀的副產品。不求優秀，只求成功，求得的至多是謀生的成功罷了。

毋須諱言，今日的學校乃至整個社會存在著嚴重的急功近利傾向，對於培養快樂學習和工作的能力並非有利的環境。把大學辦成職業培訓場，只教給學生一些狹窄的專業知識，結果必然使大多數學生心目中只有就業這一個可憐的目標，只知道作為謀生手段的這一種不快樂的工作。這種做法極其近視，即使從經濟發展的角度看，一個社會是由心智自由活潑的成員組成，還是由只知謀生的人組成，何者有更好的前景，答案應是不言而喻的。對於企業來說也是如此，許多企業已經強烈地感覺到，那些只有學歷背景和專業技能、整體素質差的大學生完全不能適合其發展的需要。教育與市場直接掛鉤，其結果反而是人才的緊缺，這表明市場本身已開始向教育提出質疑，要求它與自己拉開距離。教育應該比市場站得高看得遠，培養出人性層面上真正優秀的人才，這樣的人才自會給社會——包括企業和市場——增添活力。

創造的幸福

生活質量的要素：一、創造；二、享受；三、體驗。

其中，創造在生活中所占據的比重，乃是衡量一個人的生活質量的主要標準。

一個人創造力的高低，取決於兩個因素，一是有無健康的生命本能，二是有無崇高的精神追求。這兩個因素又有密切關聯、互相依存，生命本能若無精神的目標是盲目的，精神追求若無本能的啟發則是空洞的。它們的關係猶如土壤和陽光，一株植物唯有既紮根於肥沃的土壤，又沐浴著充足的陽光，才能茁壯生長。

創造力無非是在強烈的興趣推動下才能持久的努力。其中最重要的因素，第一是興趣，第二是良好的工作習慣。通俗地說，就是第一要有自己真正喜歡做的事，第二能夠全神貫注又持之以恆把它做好。在這過程中，人的各種智力品質，包括好奇心、思維能力、想像力、直覺、靈感等等，都會被調動起來，為創造作出貢獻。

人要做成一點事情，第一靠熱情，第二靠毅力。我在各領域有大作為的人身上，都發現這兩種品質。

首先要有熱情，對所做的事情真正喜歡，以之為樂，全力以赴。但是，單有熱情還不夠，因為即使是喜歡做的事情，只要它足夠大，其中必包含艱苦、困難乃至枯燥，沒有毅力是堅持不下去的。何況在人生之中，人還經常要面對自己不喜歡但必須做的事情，那時候就完全要靠毅力了。

一個人的工作是否值得尊敬，取決於他完成工作的精神而非行為本身。這就好比造物主在創造萬物之時，是以同樣的關注之心創造一朵野花、一隻小昆蟲或一頭巨象。無論做什麼事情，都力求盡善盡美，並從中獲得極大的快樂，這樣的工作態度中蘊涵著一種神性，不是所謂職業道德或敬業精神所能概括。

錢是好東西，
但不是最好的東西。

最好的東西是生命的單純、
心靈的豐富和人格的高貴。

為了錢而毀壞最好的東西，
是十足的愚昧。

從工作中感受到生命意義的人，勛章不能報償他，虧待也不會使他失落。內在的富有找不到、也不需要世俗的對應物。像托爾斯泰、卡夫卡、愛因斯坦這樣的人，沒有得諾貝爾獎於他們何損，得了又能增加什麼？只有那些心中沒有歡樂源泉的人，才會斤斤計較外在的得失，孜孜追求教授的職稱、部長的頭銜和各種可笑的獎狀。可以理解他們為什麼會這樣做，倘若沒有這些，他們便一無所有。

聖修伯里把創造定義為「用生命去交換比生命更長久的東西」，我認為非常準確。創造者與非創造者的區別就在於，後者只是用生命去交換維持生命的東西，僅僅生產自己直接或間接用得上的財富；相反，前者工作是為了創造自己用不上的財富，生命的意義恰恰是寄託在這用不上的財富上。

繁忙中清靜的片刻是一種享受，閒散中緊張創作的片刻則簡直是一種幸福。

天才是偉大的工作者。凡天才必定都是熱愛工作、養成了工作的習慣的人。當然，這工作他自己所選定，是由他的精神慾望所發動，所以他樂在其中，欲罷不能。那些無此體驗的人從外面看他，覺得不可理解，便勉強給了一個解釋，叫做勤奮。

俗人有卑微的幸福，天才有高貴的痛苦，上帝的分配很公平。對此憤憤不平的人，儘管自命天才，卻比俗人還不如。

度一個創造的人生

如果要用一個詞來概括人類精神生活的特徵，那麼，最合適的便是這個詞——創造。

所謂創造，未必是指發明某種新的技術，也未必是指從事藝術的創作，這些僅是創造的若干具體形態罷了。創造的含義要深刻得多，範圍也更廣。人與動物的區別在於人有一個靈魂，靈魂使人不能滿足於動物的生存方式，而要追求高出於生存的價值，由此展開了人的精神生活。大自然所賦予人的只是生存，因此，人所從事超出生存以上的活動，都是給大自然的安排增添了一點新東西，無不具有創造的性質。這樣的活動當然不是肉體（它只要求生存）所發動，而是靈魂。正是在創造中，人用行動實現著對真善美的追求，把自己內心所珍愛的價值，變成可以看見和感覺到的對象。

由此可見，決定一種活動是否具有創造性的關鍵，在於有無靈魂的真正參與。

一個畫匠畫了一幅毫無靈感的畫，一個學究寫了一本人云亦云的書，他們都不是在創造。相反的，如果你真正陶醉於一片風景、一首詩、一段樂曲的美，如果你對某個問題形成了你的獨特的見解，那麼你就是在創造。

許多哲學家都曾強調勞作與創造的區別，前者是非精神性的，後者是具精神性。在這方面，馬克思的看法也許最有啟發意義。他認為，人的本性是更喜歡從事自由的創造活動，因為人在這種活動中，能夠充分實現自己的能力和價值，從而獲得精神上的享受。然而，為了生存，人又必須從事生產活動。因此，可以把我們的時間劃分為必要勞動時間與自由時間。一個理想的社會，應該將必要勞動時間縮短到最低限度，以便為每個人從事創造活動騰出充足的自由時間。這個道理也適用於個人。一個人只是為謀生或賺錢而從事的活動都屬於勞作，而他出於自己的真興趣和真性情從事的活動則屬於創造。勞作僅能帶來外在的利益，唯創造才能獲得心靈的快樂。但外在的利益是很實在的誘惑，往往會誘使人們無休止地勞作，乃至於一輩子體會不到創造的樂趣。在我看來，創造在生活中所占據的比重，是衡量一個人的生活質量的主要標準。

真正的創造不計較結果，它是一個人的內在力量的自然而然的實現，本身即是享受。有一位夫人督促羅曼．羅蘭抓緊寫作，快出成果，羅曼．羅蘭回答說：「一棵樹不會太關心它結的果實，它只是在它生命液汁的歡樂流溢中自然生長，而只要它的種子是好的，它的根紮在沃土中，它必將結好的果實。」我非常欣賞這個回答。只要你的心靈是活潑、敏銳的，只要你聽從心靈的吩咐，去做能真正使它快樂的事，那麼，不論你終於做成了什麼事，不論社會對你的成績如何評價，你都度過了一個有意義的創造人生。

最合宜的位置

我相信，每個人誕生到這個世界上，一定有一個最適合他的位置，這個位置彷彿在他出生時就準備好了，只等他來認領。我還相信，這個位置既然僅僅是最適合他的，別人便無法與他競爭，如果他不認領，這個位置就只是浪費掉了，並不是被他人占據。我之所以有這樣的信念，則是因為我相信，上帝造人不會把兩個人造得完全一樣，每個人的天賦都是獨一無二，由此決定能使其稟賦和價值得到最佳實現的那個位置，也必然是獨特的。

然而，一個人要找到這個對於他最合宜的位置，卻又不容易。環境的限制、命運的捉弄，都可能阻礙他走向這個位置。即使客觀上不存在重大困難，由於心智的糊塗和慾望的矇蔽，他仍可能在遠離這個位置的地方徘徊乃至折騰。尤其在今天這個充滿誘惑的時代，不少人奮力爭奪名利場上的位置，甚至壓根沒想到世界上其實有一個僅僅屬於他的位置，而那個位置始終空著。

這個認知，是我在許多年裡逐漸清晰起來的，現在可以說到了牢不可破的地步。我絲毫不懷疑，現在所在的這個位置是最適合自己的，因此，外界的誘惑對我產生不了什麼作用。可是，倘若有人問我這究竟是一個什麼位置，我又說不清楚。可以肯定的是，完全不能用學者、作家之類的職業來定義它。勉強說，它是一種很安靜的生活狀態吧！現在我的生活基本上由兩件事情組成：一是讀書和寫作，我從中獲得靈魂的享受；另一是親情和友情，我從中獲得生命的享受。親情和友情使我遠離社交場的熱鬧，讀書和寫作使我遠離名利場的熱鬧。人最寶貴的兩樣東西，生命和靈魂，在這兩件事情中得到了妥善的安放和真實的滿足，夫復何求，所以我過著很安靜的生活。

我當然知道，這種很安靜的生活適合我，未必適合別人。一定有人更適合過轟轟烈烈的生活，他們不妨去叱咤風雲，指點江山，一展宏圖。人的稟賦各不相同，共同的是，一個位置對於自己是否最合宜，標準不是看社會上有多少人爭奪它，眼紅它，而應該去問自己的生命和靈魂，看它們是否真正感到快樂。

第六輯　做自己的朋友

自愛和自尊

盧梭說：「大自然塑造了我，然後把模子打碎了。」這話聽起來自負，其實適用於每一個人。可惜的是，多數人忍受不了這個失去了模子的自己，於是又用公共的模子把自己重新塑造一遍，結果彼此變得如此相似。

自愛者才能愛人，富裕者才能餽贈。給人以生命歡樂的人，必是自己充滿著生命歡樂的人。一個不愛自己的人，既不會是一個可愛的人，也不可能真正愛別人。他帶著對自己的怨恨到別人那裡去，就算他是行善，他的怨恨仍會在他的每一件善行裡顯露出來，加人以損傷。受惠於一個自怨自艾的人，還有比這更不舒服的事嗎？

只愛自己的人不會有真正的愛，只有驕橫的占有。不愛自己的人也不會有真正的愛，只有謙卑的奉獻。

如果說愛是一門藝術，那麼，恰如其分的自愛便是一種素質，唯有具備這種素質的人才能成為愛的藝術家。

人與人之間有同情，有仁義，有愛。所以，世上有克己助人的慈悲和捨己救人的豪俠。但是，每一個人終究是生物學上和心理學上的個體，最切己的痛癢唯有自己能最真切地感知。在這個意義上，對每個人來說，他最關心的還是自己，世上最關心他的也是他自己。要別人比他自己更關心他，要別人比關心自己更關心他人，都違背個體生物學與心理學特性。結論是：每個人都應該自立。

我曾和一個五歲男孩談話，告訴他，我會變魔術，能把一個人變成一隻蒼蠅。他聽了十分驚奇，問我能不能把他變成蒼蠅，我說能。他陷入了沉思，然後問我，變成蒼蠅後還能不能變回來，我說不能，他不讓我變了。我也一樣，想變成任何一種人，體驗任何一種生活，包括國王、財閥、聖徒、僧侶、強盜、妓女等，甚至也願意變成一隻蒼蠅，但前提是能夠變回我自己。所以，歸根究柢，我更願意是我自己。

對於別人的痛苦，我們的同情一開始可能相當活躍，一旦痛苦持續下去，同情就會消退。我們在這方面的耐心，遠不如對別人罪惡的耐心。一個我們不得不忍受的人，其罪惡彷彿是命運；一個我們不得不忍受的人，其痛苦卻幾乎是罪惡。

我並非存心刻薄，而是想從中引出一個很實在的結論：當你遭受巨大痛苦時，你要自愛，懂得自己忍受，儘量不用你的痛苦去打擾別人。

失敗者往往會成為成功者的負擔。

失敗者的自尊在於不接受施捨，成功者的自尊在於不以施主自居。

獲得理解是人生的巨大歡樂。然而，一個孜孜以求理解、沒有旁人的理解便痛不欲生的人卻是個可憐蟲，把自己的價值完全寄託在他人理解上的人往往並無價值。

做自己的一個冷眼旁觀者和批評者，這是一種修養，它可以使我們保持某種清醒，避免落入自命不凡，或者顧影自憐的可笑復可悲之境地。

儘管世上有過無數片葉子，還會有無數片葉子，儘管一切葉子都終將凋落，我仍然要抽出自己的綠芽。

人人都在寫自己的歷史，但這歷史缺乏細心的讀者。我們沒有工夫讀自己的歷史，即使讀，也是讀得何其草率。

擁有「自我」

一個人怎樣才算擁有「自我」呢？我認為有兩個可靠的標誌。

一是看他有沒有自己的真興趣，亦即自己安身立命的事業，他能夠全身心地投入其中，並感到內在的愉快和充實。如果有，便表明他正在實現「自我」，這個「自我」是指他的個性，每個人獨特的生命價值。

二是看他有沒有自己的真信念，亦即自己處世做人的原則，那是他的精神上的坐標軸，使他在俗世中不隨波逐流。如果有，便表明他擁有「自我」，這個「自我」是指他的靈魂，一個堅定的精神核心。

這兩種意義上的「自我」都不是每個人一出生就擁有的，而是在人生過程中不斷選擇和創造的結果。正因為此，每個人都要為自己成為怎樣的人負責。

每個人都是一個獨一無二的個體，都應該認識自己獨特的稟賦和價值，從而自我實現，真正成為自己。

一個人應該認清自己的天性，知道自己究竟是什麼樣的人，從而過最適合他天性的生活，對他而言，這就是最好的生活。明白這些道理，他就不會在喧鬧的人世間迷失方向了。

人必須有人格上的獨立自主。你不能脫離社會和與他人生活，但你不能一味攀援在社會和他人身上。你要自己在生命的土壤中紮根。你要在人生的大海上拋下自己的錨。一個人如果把自己僅僅依附於身外的事物，即使是極其美好的事物，順利時也許看不出他的內在空虛、缺乏根基，一旦起了風浪，例如社會動亂、事業挫折、親人亡故、失戀等等，就會一蹶不振乃至精神崩潰。

一個靈魂在天外遊蕩，有一天透過某一對男女的交合而投進一個凡胎。他從懵懂無知開始，似乎完全忘記了自己的本來面目。但是，隨著年歲和經歷的增加，那天賦的性質漸漸顯露，使他不自覺地對生活有一種基本的態度。在一定意義上，

「認識你自己」就是要認識附著在凡胎上的這個靈魂，一旦認識了，過去的一切都有瞭解釋，未來的一切都有了方向。

在一定意義上，可以把「認識自己」理解為認識你的內在自我，那個使你之所以成為你的核心與根源。認識了這個東西，你心中就有數了，知道怎樣的生活才是合乎你的本性，你究竟應該要什麼和可以要什麼了。

然而，內在的自我必定也是隱蔽的，怎樣才能認識它呢？我覺得我找到了一個方便的路徑。事實上，我們平時做事和與人相處，這個內在自我始終是表態，只是往往不被我們留意罷了。那麼，讓我們留意，做什麼事、與什麼人相處，我們發自內心感到喜悅，或者相反，感到厭惡，那便是內在自我在表態。就此而論，認清你自己最真實的好惡就是認識了你自己，而你在這個世界上倘若有自己真正鍾愛的事和人，就可算是在實現自我。

耶穌說：「一個人賺得了整個世界，卻喪失了自我，又有何益？」他在向其門徒透露自己的基督身份後說了這話，可謂意味深長。真正的救世主就在我們每個人自己身上，便是那個清明寧靜的自我。這個自我即是我們身上的神性，只要我們能守住它，就差不多可以說上帝和我們同在了。守不住它，一味沉淪於世界，我們便會渾渾噩噩，隨波漂蕩，世界也將沸沸揚揚，永無得救的希望。

獨特，然後才有溝通。毫無特色的平庸之輩廝混在一起，只有委瑣，豈可與語溝通。每人都展現出自己獨特的美，開放出自己的奇花異卉，每人也都欣賞其他一切人的美，人人都是美的創造者和欣賞者，這樣的世界才是賞心悅目的人類家園。

儘管世上有過無數片葉子，還會有無數片葉子，儘管一切葉子都終將凋落，我仍然要抽出自己的綠芽。

此刻我心中湧現出一些多麼生動的感覺，使我確信我活著——正是我，不是別人，這個我不會和別人混同。於是我想，在我的生命中還是有太多的空白，那時候感覺沉睡著，我渾渾噩噩，與芸芸眾生沒有什麼兩樣。

每到一個陌生的城市，我的習慣是隨便走走，好奇心驅使我去探尋熱鬧的街巷與冷僻的角落。在途中，難免暫時地迷路，但心中一定要有把握，自信能記起回住處的路線，否則便會感覺不踏實。我想，人生也是如此。你不妨在世界上闖蕩，去建功創業，去探險獵奇，去覓情求愛，可是，你一定不要忘記了回家的路。這個家，就是你的自我，你自己的心靈世界。

一個人為了實現自我，必須先在非我的世界裡漫遊一番。但是，有許多人迷失在這漫遊途中，沾沾自喜於他們在社會上的小小成功，不再想回到自我。成功使他們離他們的自我越來越遠，終於成為隨波逐流之輩。另有一類靈魂，時時為離家而不安，漫遊越久而思家越切，唯有他們，無論成功失敗，都能帶著豐富的收穫返回他們的自我。

「記住回家的路」這句話有兩層意思。其一，人活在世上，總要到社會上做事。如果說這是一種走出家門，那麼，回家便是回到每個人的自我，回到個人的內心生活。一個人倘若只有外在生活，沒有內心生活，他最多只是活得熱鬧或者忙碌罷了，絕不可能活得充實。其二，如果把人生看作一次旅行，那麼，只要活著，我們就總是在旅途上。人在旅途，怎能沒有鄉愁？鄉愁使我們追思世界的本原，人生的終極，靈魂的永恆故鄉。總括起來，「記住回家的路」就是：記住從社會回到自我的路，記住從世界回到上帝的路。人當然不能不活在社會上和世界中，但是，時時記起回家的路，便可以保持清醒，不在社會的紛爭和世界的喧囂中沉淪。

我走在自己的路上了。成功與失敗、幸福與苦難都已經降為非常次要的東西。最重要的東西是這條路本身。

他們一窩蜂擠在那條路上，互相競爭、推攘、阻擋、踐踏。前面有什麼？不知道。既然大家都朝前趕，肯定錯不了。

你悠然獨行，不慌不忙，因為你走在自己的路上，它僅僅屬於你，沒有人與你相爭。

成為你自己

童年和少年是充滿美好理想的時期。如果問你們，將來想成為怎樣的人，你們一定會給我許多漂亮的答案。譬如說，想成為拿破崙那樣的偉人、愛因斯坦那樣的科學家、曹雪芹那樣的文豪等等。這些回答都不壞，不過，我認為比這一切都更重要的是：首先應該成為你自己。

姑且假定你特別崇拜拿破崙，成為像他那樣的蓋世英雄是你最大的願望。好吧！我問你：就讓你完完全全成為拿破崙，生活在他那個時代，有他那些經歷，你願意嗎？你很可能會激動地喊叫：太願意啦！我再問你：讓你從身體到靈魂整個都變成他，你也願意嗎？這下你或許會有些猶豫，會這麼想：整個變成他，不就是沒有我自己了嗎？對了，我的朋友，正是這樣。那麼，你不願意了？當然嘍，因為這意味著世界上曾經有過拿破崙，這個事實沒有改變，唯一的變化是你壓根不存在了。

由此可見，對每個人來說，最寶貴的還是他自己。無論多麼羨慕別的人，如果讓他徹頭徹尾成為這個別人而不再是自己，那誰都不肯了。

也許你會反駁：你說的是廢話，每個人都已經是他自己了，怎麼會徹頭徹尾成為別人呢？不錯，我只是在假設一種情形，這種情形不可能完全按照我所說的方式發生。不過，在實際生活中，類似情形卻常常在以稍微不同的方式發生著。真正成為自己可不是一件容易的事。世上有許多人，你可以說他是隨便什麼東西，例如是一種職業、一種身份、一個角色，唯獨不是他自己。如果一個人總是按照別人的意見生活，沒有自己的獨立思考，總是為外在的事務忙碌，沒有自己的內心生活，那麼，說他不是他自己則一點也沒有冤枉他。因為確確實實，從他的頭腦到他的心靈，你在其中已經找不到絲毫真正屬於他自己的東西，他只是別人的一個影子罷了。

那麼，怎樣才能成為自己呢？這是真正的難題，我承認我給不出一個答案。我還相信，不存在一個適用於一切人的答案。我只能說，最重要的是每個人都要真切地意識到他的「自我」的寶貴，有了這個覺悟，他就會自己去尋找屬於他的答案。在茫茫宇宙間，每個人都只有一次生存的機會，都是一個獨一無二、不可重複的存在。名聲、財產、知識等等是身外之物，人人都可求而得之，但沒有人能夠代替你感受人生。你死之後，沒有人能夠代替你再活一次。如果你真正意識到了這一點，你就會明白，活在世上，最重要的事就是活出你自己的特色和滋味來。你的人生是否有意義，衡量的標準不是外在的成功，而是你對人生意義的獨特領悟和堅守，從而使你的自我閃放出個性的光華。

最好的朋友是你自己

人在世上都離不開朋友，但是，最忠實的朋友還是自己，就看你是否善於做自己的朋友。要能夠成為自己的朋友，就必須比外在的自己站得更高，看得更遠，從而能夠從人生的全景出發，給自己提醒、鼓勵和指導。

在每個人身上，除了外在的自我以外，都還有著一個內在的精神性的自我。可惜的是，許多人的這個內在的自我始終昏睡著，甚至是發育不良。為了使內在的自我能夠健康生長，你必須給它充足的營養。如果你經常讀好書、沉思、欣賞藝術，擁有豐富的精神生活，你就一定會感覺到，在你身上確實還有一個更高的自我，這個自我是你的人生路上的堅貞不渝的精神密友。

我身上有兩個自我。一個好動，什麼都要嘗試，什麼都想經歷。另一個喜靜，對一切加以審視和消化。這另一個自我，彷彿是它把我派遣到人世間活動，同時又始終關切地把我置於它的視野之內，隨時準備把我召回它身邊。即使我在世上遭受最悲慘的災難和失敗，只要識得返回它的途徑，我就不會全軍覆沒。它是我的守護神，為我守護著一個永遠的家園，使我不致無家可歸。

自我是一個中心點，一個人有了堅實的自我，他在這個世界上便有了精神的坐標，無論走多遠都能夠找到回家的路。換一個說法，我們不妨說，一個有著堅實自我的人便彷彿有了一個精神的密友，他無論走到哪裡都帶著這個密友，這個密友將忠實地分享他的一切遭遇，傾聽他的一切心語。

世事的無常使得古來許多賢哲主張退隱自守、清靜無為、無動於衷。我厭惡這種哲學。我喜歡看見人們生氣勃勃地創辦事業，如痴如醉地墮入情網，痛快淋漓地享受生命。但是，不要忘記了最主要的事情：你仍然屬於你自己。每個人都是一個宇宙，每個人都應該有一個自足的精神世界。這是一個安全的場所，其中珍藏著你最珍貴的寶物，任何災禍都不能侵犯它。心靈是一本奇特的帳簿，只有收入，沒有支出，人生的一切痛苦和歡樂，都化作寶貴的體驗記入它的收入欄中。

是的，連痛苦也是一種收入。人彷彿有兩個自我，一個自我到世界上去奮鬥、去追求，也許凱旋、也許敗歸，另一個自我便含著寧靜的微笑，把這遍體汗水和帶著血跡、哭著笑著的自我迎回家，把豐厚的戰利品指給他看，連敗歸者也有一份。

做自己的朋友

有人問斯多葛派創始人芝諾：「誰是你的朋友？」他回答：「另一個自我。」人生在世，不能沒有朋友。在所有朋友中，不能缺了最重要的一個，那就是自己。缺了這個朋友，一個人即使朋友遍天下，也只是表面的熱鬧而已，實際上他是空虛的。

一個人是不是自己的朋友，有一個可靠的測試標準，就是看他能否獨處，獨處是否感到充實。如果他害怕獨處，一心逃避自己，他當然不是自己的朋友。

能否和自己做朋友，關鍵在於有無芝諾所說的「另一個自我」。它實際上是一個人更高的自我，這個自我以理性的態度關愛著那個在世上奮鬥的自我。理性的關愛，這正是友誼的特徵。有的人不愛自己，是一味自怨，彷彿是自己的仇人。有的人愛自己而沒有理性，一味自戀，儼然是自己的情人。在這兩種場合，更高的自我都是缺席的。

成為自己的朋友，這是人生很高的成就。塞內卡說，這樣的人一定是全人類的朋友。蒙田說，這比攻城治國更了不起。我只想補充一句：如此偉大的成就，卻是每一個無緣攻城治國的普通人都希望達到的目標。

與自己談話的能力

有人問犬儒派創始人安提西尼，哲學給他帶來了什麼好處，回答是：「與自己談話的能力。」

我們經常與別人談話，內容大抵是事務的處理、利益的分配、是非的爭執、恩怨的傾訴、公關、交際、新聞等等。獨處的時候，我們有時也在心中說話，細察其內容，仍不外上述這些，因此實際上也是在對別人說話，是對別人說話的預演或延續。我們真正與自己談話的時候十分稀少。

要能夠與自己談話，必須把心從世俗事務和人際關係中擺脫出來，回到自己。這是發生在靈魂中的談話，是一種內在生活。哲學教人立足於根本審視世界，反省人生，帶給人的就是過內在生活的能力。

與自己談話的確是一種能力，而且是一種罕見的能力。有許多人，你不讓他說凡事俗務，他就不知道該說什麼。他只關心外界的事情，結果也就只擁有僅僅適合於與別人交談的語言。這樣的人面對自己當然無話可說。可是，一個與自己無話可說的人，難道會對別人說出什麼有意思的話嗎？哪怕他談論的是天下大事，你仍感到是在聽市井瑣聞，因為在裡面找不到那個把一切連結為整體的核心，那個照亮一切的精神。

獨處也是一種能力

人們往往把交往看作一種能力，卻忽略了獨處也是一種能力，並且在一定意義上是比交往更為重要的一種能力。反過來說，不擅交際固然是一種遺憾，不耐孤獨也未嘗不是一種很嚴重的缺陷。

獨處也是一種能力，並非任何人在任何時候都具備。具備這種能力並不意味不再感到寂寞，而在於安於寂寞並使之具有生產力。人在寂寞中有三種狀態。一是惶惶不安，茫無頭緒，百事無心，一心逃出寂寞。二是漸漸習慣於寂寞，安下心來，建立起生活的條理，用讀書、寫作或別的事務來驅逐寂寞。三是寂寞本身成為一片詩意的土壤，一種創造的契機，誘發出關於存在、生命、自我的深邃思考和體驗。

有的人只習慣於與別人共處，和別人說話，自己對自己無話可說，一旦獨處就難受得要命，這樣的人終究是膚淺的。人必須學會傾聽自己的心聲，自己與自己交流，這樣才能逐漸形成一個較有深度的內心世界。

托爾斯泰在談到獨處和交往的區別時說：「你要使自己的理性適合整體，適合一切的源，而不是適合部分，不是適合人群。」這句話說得極好。

對於一個人來說，獨處和交往均屬必需。但是，獨處更本質，因為在獨處時，人是直接面對世界的整體，面對萬物之源。相反，在交往時，人卻只是面對部分、面對過程的片斷。人群聚集之處，只有凡人瑣事，過眼煙雲，沒有上帝和永恆。

也許可以說，獨處是時間性的，交往則是空間性的。

人們常常誤認為，那些熱心於社交的人是一些慷慨之士。泰戈爾說得好，他們只是在揮霍，不是在奉獻，而揮霍者往往缺乏真正的慷慨。

那麼，揮霍與慷慨的區別在哪裡呢？我想是這樣的：揮霍是把自己不珍惜的東西拿出來，慷慨是把自己珍惜的東西拿出來。社交場上的熱心人正是這樣，他們不覺得自己的時間、精力和心情有什麼價值，所以毫不在乎地把它們揮霍掉。相反，一個珍惜生命的人必定寧願在孤獨中從事創造，然後把最好的果實奉獻給世界。

直接面對自己似乎是一件令人難以忍受的事，所以人們往往要設法逃避。逃避自我有二法，一是事務，二是消遣。我們忙於職業上和生活上的種種事務，一旦閒下來，又用聊天、娛樂和其他種種消遣打發時光。

對於文人來說，許多時候，讀書和寫作也只是一種消遣或一種事務，比起鬥雞走狗之輩，誠然有雅俗之別，但逃避自我的實質則為一。

通宵達旦地坐在喧鬧的電視機前，他們把這叫做過年。

我躲在我的小屋裡，守著我今年的最後一刻寂寞。當歲月的閘門一年一度打開時，我要獨自坐在壩上，看我的生命的河水洶湧流過。這河水流向永恆，我不能想像我缺席，使它不帶著我的虔誠，也不能想像有賓客，使它帶著酒宴的汙穢。

我要為自己定一個原則：每天夜晚，每個週末，每年年底，只屬於我自己。在這些時間裡，我不做任何履約交差的事情，而只讀我自己想讀的書，只寫我自己想寫的東西。如果不想讀不想寫，我就什麼也不做，寧可閒著，也決不應付差事。差事是應付不完的，唯一的辦法是人為地加以限制，確保自己的自由時間。

在舞曲和歡笑聲中，我思索人生；在沉思和獨處中，我享受人生。

有的人只有在沸騰的交往中才能辨認他的自我，有的人卻只有在寧靜的獨處中才能辨認他的自我。

獨處的充實

怎麼判斷一個人究竟有沒有他的「自我」呢？我可以提出一個檢驗的方法，就是看他能不能獨處。當你自己一個人時，你是感到百無聊賴，難以忍受呢？還是感到一種寧靜、充實和滿足？

對於有「自我」的人來說，獨處是人生中的美好時刻和體驗，雖則有些寂寞，寂寞中卻又有一種充實。獨處是靈魂生長的必要空間。在獨處時，我們從別人和事務中抽身出來，回到了自己。這時候，我們獨自面對自己和上帝，開始了與自己的心靈以及與宇宙中的神祕力量的對話。一切嚴格意義上的靈魂生活，都是在獨處時展開。和別人一起談古說今，引經據典，那是閒聊和討論；唯有自己沉浸於古往今來大師們的傑作之時，才會有真正的心靈感悟。和別人一起遊山玩水，那只是旅遊；唯有自己獨自面對蒼茫的群山和大海之時，才會真正感受到與大自然的溝通。所以，一切注重靈魂生活的人，對於盧梭的這話都會產生同感：「我獨處時從來不感到厭煩，閒聊才是我一輩子忍受不了的事情。」這種對於獨處的愛好與一個人的性格完全無關，愛好獨處的人同樣可能是一個性格活潑、喜歡朋友的人，只是無論他怎麼樂於與別人交往，獨處始終是他生活中的必需。在他看來，一種缺乏交往的生活當然是一種缺陷，一種缺乏獨處的生活則簡直是災難。

當然，人是一種社會性的動物，需要與他的同類交往，需要愛與被愛，否則就無法生存。世上沒有一個人能夠忍受絕對的孤獨。但是，絕對不能忍受孤獨的人，卻是一個靈魂空虛的人。世上正有這樣的人，他們最怕的就是獨處，讓他們和自己相處，對他們而言簡直是一種酷刑。只要閒下來，他們就必須找地方去消遣，像是卡拉OK舞廳、MTV包廂、電子娛樂廳等，或是找人聊天。自己待在家裡，他們必定會打開電視機，沒完沒了地看那些粗製濫造的節目。他們的日子表面上過得十分熱鬧，實際上內心極其空虛。他們所做的一切都是為了想方設法避免面對面看見自己。對此我只能有一個解釋，就是連他們自己也感覺到了自己的貧乏，和這樣貧乏的自己待在一起是沒有意思的，再無聊的消遣也比這有趣的多。這樣做的結果是他們變得越來越貧乏，越來越沒有了自己，形成了一個惡性循環。

獨處的確是一種檢驗，用它可以測出一個人的靈魂的深度，測出一個人對自己的真正感覺，他是否厭煩自己。對於每一個人來說，不厭煩自己是最起碼的要求。一個連自己也不愛的人，我敢斷定他對於別人也不會有多少價值，他不可能有高質量的社會交往。他跑到別人那裡去，對於別人只是一種打擾、一種侵犯。一切交往的質量都取決於交往者本身的質量。唯有在兩個靈魂充實豐富的人之間，才可能有真正動人的愛情和友誼。我敢擔保歷史上和現實生活中找不出一個例子，能夠駁倒我的這個論斷，證明某一個淺薄之輩竟也會有此種美好的經歷。

往事的珍寶

人生中有些往事是歲月無法帶走的，彷彿越經沖洗就越加鮮明，始終活在記憶中。我們生前守護著它們，死後便把它們帶入了永恆。

人心中應該有一些有份量的東西，使人沉重的往事不會流失。

人在世界上行走，在時間中行走，無可奈何地迷失在自己的行走之中。他無法把家鄉的泉井帶到異鄉，把童年的彩霞帶到今天，把十八歲生日的燭光帶到四十歲的生日。不過，那不能帶走的東西未必永遠丟失。也許他所珍惜的所有往事都藏在某個人跡不至的地方，在一個意想不到的時刻，其中一件或另一件會突然向他顯現，就像從前的某一片燭光突然在記憶的夜空中閃亮。

我不相信時間帶走了一切。逝去的年華，我們最珍貴的童年和青春歲月，必定以某種方式把它們保存在一個安全的地方。我們遺忘了藏寶的地點，但必定有這麼一個地方，否則我們不會這樣苦苦追尋。或者說，有一間心靈的密室，其中藏著我們過去的全部珍寶，只是我們竭盡全力也回想不起開鎖的密碼。然而，可能會有一次純屬偶然，我們漫不經心地碰對密碼，於是密室開啟，我們重新置身於從前的歲月。

人生中一切美好的時刻，我們都無法留住。人人都生活在流變中，人人的生活都是流變。那麼，一個人的生活是否精彩，就並不在於他留住了多少珍寶，而在於他有過多少想留而留不住的美好的時刻，正是這些時刻組成了他的生活中的流動的盛宴。留不住當然是悲哀，從來沒有想留住的珍寶卻是更大的悲哀。

世上有一樣東西，比任何別的東西都更忠誠於你，那就是你的經歷。你生命中的日子，你在其中遭遇的人和事，你因這些遭遇產生的悲歡、感受和思考，這一切僅僅屬於你，不可能轉讓給任何人，哪怕是你最親近的人。這是你最珍貴的財富，而只要你珍惜，也會是你最可靠的財富，無人能夠奪走。相反，如果你不珍惜，就會隨歲月而流失，在任何地方都找不到了。正因為如此，我一直主張人人養成寫日記的習慣。

相較之下，金錢是最不可靠的財富。金錢毫無忠誠可言，它們沒有個性，永遠是那副模樣，今天在你這裡，明天會在別人那裡，後天又可能回到你這裡。可是，人們熱衷於積聚金錢，卻輕易揮霍掉僅僅屬於自己的經歷，這是怎樣地本末倒置啊！

物質的財寶，弄丟了可以掙回，掙不回也沒有什麼，它們是這樣毫無個性，和你本來就沒有必然的關係，只不過是換了一個地方存放罷了。可是，你的生命中的珍寶是僅僅屬於你的，它們只能存放在你的心靈中和記憶中，如果這裡沒有，別的任何地方也不會有，你一旦把它們丟失，就永遠找不回來了。

聖修伯里說：「使沙漠顯得美麗的，是它在什麼地方藏著一口水井。」我相信童年就是人生沙漠中的這樣一口水井。始終攜帶著童年走人生之路的人是幸福的，由於心中藏著永不枯竭愛的源泉，最荒涼的沙漠也化作美麗的風景。

逝去的感情事件，無論痛苦還是歡樂，無論它們一度如何使我們激動不寧，隔開久遠的時間再看，都是美麗的。我們還會發現，痛苦和歡樂的差別並不像當初想像的那麼大。歡樂的回憶夾著憂傷，痛苦的追念摻著甜蜜，兩者又都同樣令人惆悵。

消逝是人的宿命。但是，有了懷念，消逝就不是絕對的。人用懷念挽留逝者的價值，證明自己是與古往今來一切存在息息相通的有情。失去了童年，我們還有童心；失去了青春，我們還有愛；失去了歲月，我們還有歷史和智慧。沒有懷念，人便與木石無異。

然而，在這個日益匆忙的世界上，人們越來越沒有工夫也沒有心境去懷念了。人心如同躁動的急流，只想朝前趕，不復反顧。可是，如果忘掉源頭，我們如何校正航向？如果不知道從哪裡來，我們如何知道向哪裡去？

意義的源泉是追求和懷念，而不是擁有。擁有的價值，似乎僅在於它使追求有一個目標，使懷念有一個對象。擁有好像只是一塊螢幕，種種色彩繽紛的影像都是追求和懷念投射在上面。

逝去的事件往往在回憶中獲得了一種當時並不具備的意義，這是時間的魔力之一。

人生一切美好經歷的魅力就在於不可重複，它們因此而永遠活在了記憶中。

時光村落裡的往事——藍藍《人間情書》序

一

人分兩種，一種人有往事，另一種人沒有往事。

有往事的人愛生命，對時光流逝無比痛惜，因而懷著一種特別的愛意，把自己所經歷的一切珍藏在心靈的穀倉裡。

世上什麼不是往事呢？此刻我所看到、聽到、經歷到的一切，無不轉瞬即逝，成為往事。所以，珍惜往事的人便滿懷愛憐地注視一切，注視即將被收割的麥田，正在落葉的樹，最後開放的花朵，大路上邊走邊衰老的行人。這種對萬物的依依惜別之情是愛的至深源泉。由於這愛，一個人才會真正用心在看、在聽、在生活。

是的，只有珍惜往事的人才真正在生活。

沒有往事的人對時光流逝毫不在乎，這種麻木使他輕慢萬物，凡經歷的一切都如過眼煙雲，隨風飄散，什麼都留不住。他根本沒有想到要留下。他只是貌似在看、在聽、在生活罷了，實際上早已是一具沒有靈魂的空殼。

二

珍惜往事的人也一定有一顆溫柔愛人的心。

當我們的親人遠行或故世之後，我們會不由自主地百般追念他們的好處，悔恨自己的疏忽和過錯。然而，事實上，即使尚未生離死別，我們所愛的人何嘗不是在時時刻刻離我們而去呢？

浩渺宇宙間，任何一個生靈的誕生都是偶然，離去卻是必然；一個生靈與另一個生靈的相遇總是千載一瞬，分別卻是萬劫不復。說到底，誰和誰不都同是這空空世界裡的天涯淪落人？

在平凡的日常生活中，你已經習慣了和你所愛的人的相處，彷彿日子會這樣無限延續下去。忽然有一天，你心頭一驚，想起時光在飛快流逝，正無可挽回地把你、你所愛的人以及你們共同擁有的一切帶走。於是，你心中升起一股柔情，想要保護你的愛人免遭時光劫掠。你還深切感到，平凡生活中這些最簡單的幸福也是多麼寶貴，有著稍縱即逝的驚人的美……。

三

人是怎樣獲得一個靈魂的？

透過往事。

正是被親切愛撫著的無數往事使靈魂有了深度和廣度，造就了一個豐滿的靈魂。在這樣一個靈魂中，一切往事都繼續活著：從前的露珠在繼續閃光，某個黑夜裡飄來的歌聲繼續迴蕩，曾經醉過的酒繼續芳香，早已死去的親人繼續對你說話……，你透過活著的往事看世界，世界別具魅力。活著的往事——這是靈魂之所以具有孕育力和創造力的祕密所在。

在一切往事中，童年占據著最重要的篇章。童年是靈魂生長的源頭。我甚至要說，靈魂無非就是一顆成熟了的童心，因為成熟而不會再失去。聖修伯里創作的小王子說得好：「使沙漠顯得美麗的，是它在什麼地方藏著一口水井。」我相信童年就是人生沙漠中的這樣一口水井。始終攜帶著童年走人生之路的人是幸福的，由於心中藏著永不枯竭的愛的源泉，最荒涼的沙漠也化作了美麗的風景。

四

「上帝創造了鄉村，人類創造了城市。」這是英國詩人古柏的詩句。我要補充：在鄉村中，時間保持著上帝創造時的形態，它是歲月和光陰；在城市裡，時間卻被抽象成了日曆和數字。

在城市裡，光陰是停滯的。城市沒有季節，它的春天沒有融雪和歸來的候鳥，秋天沒有落葉和收割的莊稼。只有敏感到時光流逝的人才有往事，可是，城裡的人整年被各種建築物包圍，對季節變化和歲月交替又怎會有什麼敏銳的感覺呢？

何況在現代商業社會中，人們活得越來越匆忙，哪裡有工夫去注意草木發芽、樹葉飄落這種小事！哪裡有閒心用眼睛看，用耳朵聽，用心靈感受！時間就是金錢，生活被簡化為盡快地賺錢和花錢。沉思未免奢侈，回味往事簡直是浪費。一個古怪的矛盾：生活節奏加快了，然而沒有生活。天天爭分奪秒，歲歲年華虛度，到頭來發現一輩子真短。怎麼會不短呢？沒有值得回憶的往事，一眼就望到了頭。

五

就在這樣一個越來越沒有往事的世界上，一個珍惜往事的人悄悄寫下了她對往事的懷念。這是一些太細小的往事，就像她念念不忘的小花、甲蟲、田野上的炊煙、井台上的綠苔一樣細小。可是，在她心目中，被時光帶來又帶走的一切都是造物主寫給人間的情書，她用情人的目光，從其中讀出了無窮的意味，並把它們珍藏在忠貞的心中。

這就是擺在你們面前的這本《人間情書》。你們將會發現，我的序中的許多話都是藍藍說過的，我只是稍作概括罷了。

藍藍上過大學，出過詩集，但我覺得她始終只是個鄉下孩子。她的這本散文集也好像是鄉村田埂邊的一朵小小野花，在溫室鮮花成為時髦禮品的今天也許是很不起眼的。但是，我相信，一定會有讀者喜歡它，並且想起泰戈爾的著名詩句——

「我的主，你的世紀，一個接著一個，來完成一朵小小的野花。」

心靈的寧靜

老子主張「守靜篤」，任世間萬物在那裡一齊運動，我只是靜觀其往復，如此便能成為萬物運動的主人。這叫「靜為躁君」。

當然，人是不可能只靜不動的，即使能也不可取，有如一潭死水。你的身體盡可以在世界上奔波，你的心情盡可以在紅塵中起伏，關鍵在於你的精神中一定要有一個寧靜的核心。有了這個核心，你就能夠成為你奔波身體與起伏心情的主人了。

尋求心靈的寧靜，前提是要有一個心靈。理論上，人人都有一個心靈，但事實上卻不盡然。有一些人，他們永遠被外界的力量所左右，永遠生活在喧鬧的外部世界，未嘗有真正的內心生活。對於這樣的人，心靈的寧靜就無從談起。一個人唯有關注心靈，才會因為心靈被擾亂而不安，才會有尋求心靈的寧靜之需要。

我們的前輩日出而作，日入而息，生活的節奏與自然一致，日子過得忙碌，然而卻安靜。現代人卻忙碌得何其不安靜，充滿了慾望、焦慮、爭鬥、煩惱。在今天，相當一部分人的忙碌是由兩件事所組成——掙錢與花錢，這兩件事又製造出一系列的熱鬧，無非紙醉金迷、燈紅酒綠、聲色犬馬。人生任何美好的享受都有賴於一顆澄明的心，當一顆心在低劣的熱鬧中變得渾濁之後，它就既沒有能力享受安靜，也沒有能力享受真正的狂歡了。

心靜是一種境界。一個人只要知道自己真正想要什麼，找到了最適合於自己的生活，外界一切的誘惑和熱鬧對他而言就成了無關之物。

對於心的境界，我所能夠給出的最高評價就是：豐富的單純。這大致上屬於一種極其健康生長的情況：一方面，始終保持兒童般的天性，所以單純；另一方面，天性中蘊涵的各種能力得到了充分的發展，所以豐富。我所知道一切精神上的偉人，他們的心靈世界無不具有這個特徵，其核心始終是單純的，卻又能夠包容豐富的情感、體驗和思想。

與此相反的境界是貧乏的複雜。這是那些平庸的心靈，它們被各種人際關係及利害計算所占據，所以複雜，可是完全缺乏精神的內涵，所以又是一種貧乏的複雜。

除了這兩種情況外，也許還有貧乏的單純，不過，一種單純倘若沒有精神的光彩，我就寧可說它是簡單而不是單純。有沒有豐富的複雜呢？我不知道，如果有，那很可能是一顆魔鬼的心吧！

太熱鬧的生活終究有危險，那就是被熱鬧所占有，漸漸誤以為熱鬧就是生活，熱鬧之外別無生活，最後真的只剩下了熱鬧，沒有了生活。

在有些人眼裡，人生是一碟乏味的菜，為了嚥下這些菜，少不了種種佐料，種種刺激。他們的日子過得才熱鬧。

人既需要動，也需要靜，在生命的活躍與靈魂的寧靜之間形成適當的平衡。

我相信，在動與靜之間，必有一個適合於我的比例或節奏。如果比例失調，節奏紊亂，我就會生病——太動則煩躁，太靜則抑鬱。

每逢節日，獨自在燈下，心中就有一股非常濃郁的寂寞，濃郁得無可排遣，自斟自飲生命的酒，別有一番酩酊。

人生作為過程總要逝去，似乎哪種活法都相同。但就是不一樣。我需要一種內在的沉靜，可以以逸待勞地接收和整理一切外來印象。這樣，我才覺得自己具有一種連續性和完整性。當我被過於紛繁的外部生活攪得不復安寧時，我就斷裂了、破碎了，因而也就失去了吸收消化外來印象的能力。

世界是我的食物。人只用少量時間進食，大部分時間在消化。獨處就是我消化世界。

活動和沉思，哪一種生活更好？

有時候，我渴望活動，漫遊、交往、戀愛、冒險、成功。如果沒有充分嘗試生命的種種可能性就離開人世，未免太遺憾。但是，我知道，我的天性更適合過沉思的生活。我必須休養我這顆自足的心靈，唯有帶著這顆心靈去活動，我才心安理得並且確有收穫。

如果沒有好胃口，天天吃宴席有什麼樂趣？如果沒有好的感受力，頻頻周遊世界有什麼意思？反之，天天吃宴席的人怎麼會有好胃口，頻頻周遊世界的人怎麼會有好的感受力？

心靈和胃一樣，需要休息和復原。獨處和沉思便是心靈的休養方式。當心靈因充分休息而飽滿，又因久不活動而飢渴時，它就能最敏銳地品味新的印象。

所以，問題不在於兩者擇一。高質量的活動和高質量的寧靜都需要，而後者實為前者的前提。

這麼好的夜晚，寧靜、孤獨、精力充沛，無論做什麼，都覺得可惜了、糟蹋了。我什麼也不做，只是坐在燈前，吸著菸……。

我從我的真朋友和假朋友那裡抽身出來，回到了我自己。只有我自己。

這種時刻非常好。沒有愛，沒有怨，沒有激動，沒有煩惱，可是依然強烈地感覺到自己的生存，感到充實。這樣的感覺非常好。

一個夜晚就這麼過去了。可是我仍然不想睡覺。這是這樣的一種時候，什麼也不想做，包括睡覺。

安靜的位置

對於各種熱鬧，諸如記者採訪、電視亮相、大學講座之類，我始終不習慣，總是儘量推辭。有時盛情難卻答應，結果多半是後悔。人各有志，我不反對別人追求和享受所謂文化的社會效應，只是覺得這種熱鬧與我的天性太不合。我的性格決定我不能做一個公眾人物。做公眾人物一要自信，相信自己真是一個人物；二要有表演慾，一到台上就充滿情緒。我偏偏既自卑又怯場，面對攝影機和麥克風，沒有一次不感到是在受難。因此我想，萬事不可勉強，就讓我順應天性過安靜的日子。如果有人喜歡我的書，他們喜歡的也一定不是這種表面的熱鬧，就讓我們的心靈在各自的安靜中相遇吧！

世上從來不缺熱鬧，因為一旦缺少，便必定會有不甘心的人製造出來。不過，大約到了今日這個商業時代，文化似乎才必須成為一種熱鬧，不熱鬧就不為文化。譬如說，從前一個人不愛讀書就老老實實不讀，如果愛讀，必是自己選擇要讀的書籍，在選擇中貫徹了他的個性乃至於怪癖。現在，媒體擔起了指導公眾讀書的職責，暢銷書推出一輪又一輪，書目不斷在變，不變的是全國熱心讀者，彷彿同一時期全在閱讀相同的書。與此相映成趣的是，這些年來，學界總有一兩個當紅的熱門話題，話題不斷在變，不變的是不同學科的學者，同一時期彷彿在研究相同課題。我不懷疑仍有認真的研究者，但更多的只是憑著新聞記者式的嗅覺和喉嚨，代替學者的眼光和頭腦，正是他們起鬨，把任何學術問題都變成熱門話題，亦即變成過眼煙雲的新聞。

在這個熱鬧的世界上，我嘗試自問：我的位置究竟在哪？我不屬於任何主流、非主流或反主流的圈子。也不是現在有些人很喜歡標榜的另類，因為這個名稱也太熱鬧，使我想起市場上的叫賣聲。我不屬於這個熱鬧的世界嗎？可是，我絕不是一個出世者。對此我只能這樣解釋：不管世界多熱鬧，熱鬧永遠只占據世界的一小部分，熱鬧之外的世界無邊無際，那裡才有著我的位置，一個安靜的位置。這就好像在海邊，有人弄潮、有人戲水、有人撿拾貝殼、有人聚在一起高談闊論，而我則找到一個安靜的角落獨自坐著。是的，一個角落——在無邊無際的大海邊，哪裡找不到這樣一個角落呢——但我看到的卻是整個大海，也許比那些熱鬧地聚玩的人看得更加完整。

在一個安靜的位置上，去看世界的熱鬧，去看熱鬧背後無限廣袤的世界，這也許是最適合我性情的一種活法吧！

豐富的安靜

我發現，世界越來越喧鬧，而我的日子卻越來越安靜。我喜歡過安靜的日子。

當然，安靜不是靜止，不是封閉，如井中的死水。曾經有一個時代，廣大的世界對我們而言只是一個無法證實的傳說，我們每一個人都被鎖定在一個狹小的角落，如同螺絲釘被擰在一個不變的位置上。那時候，我剛離開學校，被分配到邊遠山區，生活平靜又單調。日子彷彿停止了，不像是一條河，更像是一口井。

後來，時代突然改變，人們的日子如同解凍的江河，在陽光下的大地上縱橫交錯。我也像是一條積壓了太多能量的河，生命的浪潮在我的河床裡奔騰起伏，把我的成年歲月變成一道動盪不寧的急流。

現在，我又重歸於平靜。不過，這是跌宕之後的平靜。在經歷了許多衝撞和曲折之後，我的生命之河彷彿終於來到一處開闊的谷地，匯蓄成一片浩渺的湖泊。

我曾流連於阿爾卑斯山麓的湖畔，看雪山、白雲和森林的倒影伸展在蔚藍的神祕之中。我知道，湖中的水仍在流轉，是湖的深邃才使得湖面寂靜如鏡。

我的日子真的很安靜。每天，我在家裡讀書寫作，外面各種熱鬧的圈子和聚會都與我無關。我和妻子、女兒一起品嘗普通的人間親情，外面各種尋歡作樂的場所和玩意也都和我無關。我對這樣過日子很滿意，因為我的心境也是安靜的。

也許，每一個人在生命中的某個階段是需要某種熱鬧。那時候，飽脹的生命力需要向外奔突，去為自己尋找一條河道，確定一個流向。但是，一個人不能永遠停留在這個階段。托爾斯泰如此自述：「隨著年歲增長，我的生命越來越精神化了。」人們或許會把這解釋為衰老的徵兆，但是，我清楚地知道，即使在老年時，托爾斯泰也比所有的同齡人、甚至比許多年輕人更充滿生命力。毋寧說，唯有強大的生命，才能逐步朝精神化的方向發展。

現在我覺得，人生最好的境界是豐富的安靜。安靜，是因為擺脫了外界虛名浮利的誘惑。豐富，是因為擁有了內在精神世界的寶藏。泰戈爾曾說：外在世界的運動無窮無盡，證明了其中沒有我們可以達到的目標，目標只能在別處，即在精神的內在世界裡。「在那裡，我們最為深切地渴望的，乃是在成就之上的安寧。在那裡，我們遇見我們的上帝。」他接著說明：「上帝就是靈魂裡永遠在休息的情愛。」他所說的情愛應是廣義的，指創造的成就，精神的富有，博大的愛心，而這一切都超越於俗世的爭鬥，處在永久和平之中。這種境界，正是豐富的安靜之極致。

我並不完全排斥熱鬧，熱鬧也可以是有內容的。但是，熱鬧終究是外部活動的特徵，而任何外部活動倘若沒有一種精神追求為其動力，沒有一種精神價值為其目標，那麼，不管表面上多麼轟轟烈烈，有聲有色，本質上必定是貧乏和空虛的。我對一切太喧囂的事業與一切太張揚的感情都心存懷疑，它們總是使我想起莎士比亞對生命的嘲諷：「充滿了聲音和狂熱，裡面空無一物。」

智慧引領幸福

作　　者　周國平

發 行 人　林敬彬
主　　編　楊安瑜
副 主 編　黃谷光
編　　輯　黃暐婷
美術編排　黃谷光
封面設計　張麗娜、武斌、戴佳琪（小痕跡設計）
編輯協力　陳于雯

出　　版　大都會文化事業有限公司
發　　行　大都會文化事業有限公司
110台北市信義區基隆路一段432號4樓之9
讀者服務專線：(02)27235216
讀者服務傳真：(02)27235220
電子郵件信箱：metro@ms21.hinet.net
網　　址：www.metrobook.com.tw

郵政劃撥　14050529 大都會文化事業有限公司
出版日期　2017年04月 初版一刷
定　　價　300元
I S B N　978-986-5719-95-1
書　　號　Growth-092

◎本書由山東人民出版社授權繁體字版之出版發行。
◎本書如有缺頁、破損、裝訂錯誤，請寄回本公司更換。

國家圖書館出版品預行編目（CIP）資料

智慧引領幸福 / 周國平著. -- 初版. -- 臺北
市 : 大都會文化, 2017.04
256面 ; 14.8×21公分.

ISBN 978-986-5719-95-1 (平裝)

1.人生哲學 2.幸福

191.9　　106003661

大都會文化 讀者服務卡

書名：智慧引領幸福

謝謝您選擇了這本書！期待您的支持與建議，讓我們能有更多聯繫與互動的機會。

A. 您在何時購得本書：______年______月______日

B. 您在何處購得本書：____________書店，位於____________(市、縣)

C. 您從哪裡得知本書的消息：

1.□書店　2.□報章雜誌　3.□電台活動　4.□網路資訊

5.□書籤宣傳品等　6.□親友介紹　7.□書評　8.□其他

D. 您購買本書的動機：（可複選）

1.□對主題或內容感興趣　2.□工作需要　3.□生活需要

4.□自我進修　5.□內容為流行熱門話題　6.□其他

E. 您最喜歡本書的：（可複選）

1.□內容題材　2.□字體大小　3.□翻譯文筆　4.□封面　5.□編排方式　6.□其他

F. 您認為本書的封面：1.□非常出色　2.□普通　3.□毫不起眼　4.□其他

G. 您認為本書的編排：1.□非常出色　2.□普通　3.□毫不起眼　4.□其他

H. 您通常以哪些方式購書：(可複選)

1.□逛書店　2.□書展　3.□劃撥郵購　4.□團體訂購　5.□網路購書　6.□其他

I. 您希望我們出版哪類書籍：（可複選）

1.□旅遊　2.□流行文化　3.□生活休閒　4.□美容保養　5.□散文小品

6.□科學新知　7.□藝術音樂　8.□致富理財　9.□工商企管　10.□科幻推理

11.□史哲類　12.□勵志傳記　13.□電影小說　14.□語言學習（_____語）

15.□幽默諧趣　16.□其他

J. 您對本書(系)的建議：

____

K. 您對本出版社的建議：

____

讀者小檔案

姓名：______________ 性別：□男 □女　生日：____年____月____日

年齡：□20歲以下 □21～30歲 □31～40歲 □41～50歲 □51歲以上

職業：1.□學生 2.□軍公教 3.□大眾傳播 4.□服務業 5.□金融業 6.□製造業

7.□資訊業 8.□自由業 9.□家管 10.□退休 11.□其他

學歷：□國小或以下 □國中 □高中／高職 □大學／大專 □研究所以上

通訊地址：____

電話：（H）________________（O）______________ 傳真：______________

行動電話：________________ E-Mail：______________________

◎謝謝您購買本書，歡迎您上大都會文化網站（www.metrobook.com.tw）登錄會員，或至Facebook（www.facebook.com/metrobook2）為我們按個讚，您將不定期收到最新的圖書訊息與電子報。

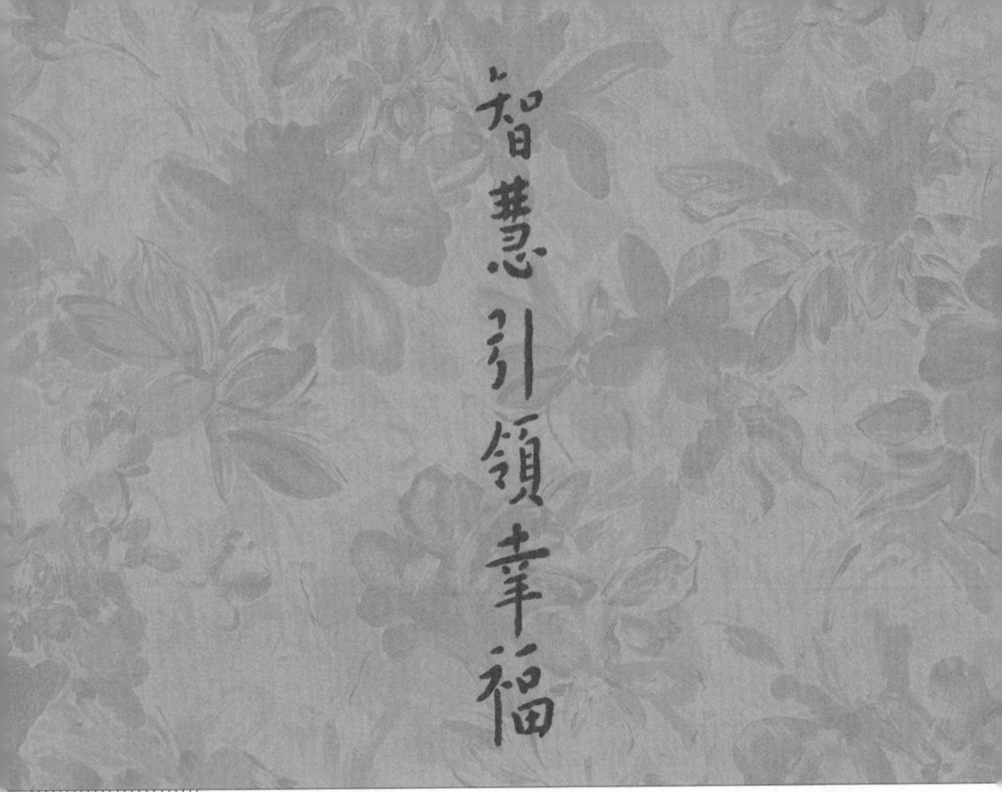

北區郵政管理局
登記證北台字第9125號
免貼郵票

大都會文化事業有限公司
讀者服務部　收

110台北市基隆路一段432號4樓之9

寄回這張服務卡〔免貼郵票〕
您可以：
◎不定期收到最新出版訊息
◎參加各項回饋優惠活動

大都會文化
METROPOLITAN CULTURE

大都會文化
METROPOLITAN CULTURE